EL ARRABAL Y LA POLITICA

CENTRO DE INVESTIGACIONES SOCIALES

RAFAEL L. RAMÍREZ

EL ARRABAL Y LA POLITICA

EDITORIAL UNIVERSITARIA
UNIVERSIDAD DE PUERTO RICO
1977

Primera edición, 1976

Traducción: Margarita López Chiclana

Derechos reservados conforme la ley
© Universidad de Puerto Rico

Catalogación de la Biblioteca del Congreso
Library of Congress Cataloging in Publication Data

Ramírez, Rafael L.
  El arrabal y la política.

  Translation of Politics and the urban poor, which was originally presented as the author's thesis (Brandeis University, 1972).

  1. Poor-Puerto Rico. 2. Cataño, P. R.-Poor. 3. Puerto Rico-Politics and government-1952-I. Title.

HC157.P83P66   323.3   76.40124
ISBN 0-8477-2484-0

Depósito Legal: B. 35.349-1976

Printed in Spain *Impreso en España*

Impreso en el complejo de Artes Gráficas Medinaceli, S.A.
General Sanjurjo, 53 - Barcelona-12 (España)

ÍNDICE GENERAL

Nota de la Traductora XI
Prefacio XIII
Reconocimiento XV

Capítulo I. *INTRODUCCIÓN* 1

    Los barrios pobres, la pobreza y la política . 6
    Los barrios pobres y los asentamientos no
       no regulados 10
    Los arrabales de Puerto Rico 13
    La selección del área de estudio . . . 14
    La metodología 17

Capítulo II. *LA DINÁMICA DE LAS ELECCIONES DE 1968* 23

    La era de los *populares**: Los antecedentes
       de las elecciones de 1968 23
    Esto tiene que cambiar — Las elecciones de
       1968 31

Capítulo III. *LOS ARRABALES* Y CASERÍOS* DE CATAÑO* 45

    Formación y desarrollo 45
    Medios de vida 60

V

Educación	74
Grupos y alianzas	75
El impacto de la renovación urbana	82

Capítulo IV. *EL COMPORTAMIENTO POLÍTICO* . . 89

Las elecciones en Cataño	91
Pre-campaña	91
La campaña	97
La participación política	104
La votación	112

Capítulo V. *LA NATURALEZA DEL LIDERATO POLÍTICO* 123

El trasfondo social de los líderes	124
El proceso de reclutamiento	141
El papel del líder	144

Capítulo VI. *CONCLUSIONES* 149

Notas 161
Bibliografía 169

LISTA DE TABLAS

1. Resultados de las elecciones en Puerto Rico desde 1940 hasta 1968. Número de votos 26

2. Zona y municipalidad del lugar de nacimiento de los adultos entrevistados en la muestra de Cataño, 1969 . 48

3. Años de residencia en Cataño de los adultos entrevistados, 1969 50

4. Años de residencia en arrabal o caserío de Cataño de los adultos entrevistados, 1969 51

5. Distribución de las ocupaciones entre los adultos en la muestra del grupo doméstico, 1969 62

6. Principales fuentes de ingreso en los grupos domésticos de los arrabales y caseríos de Cataño, 1969 . . 63

7. Número de personas empleadas por cada grupo doméstico en la muestra, 1969 65

8. Lugar de trabajo de los individuos empleados en la muestra del grupo doméstico de los arrabales y caseríos de Cataño, 1969 65

9. Edad en que los individuos en la muestra obtuvieron el primer empleo, 1969 67

10. Porcentaje de la distribución del ingreso mensual de los grupos domésticos de los arrabales y caseríos de Cataño, 1969 68

11. Persona o lugar que puede proporcionar un préstamo. Muestra de los arrabales y caseríos de Cataño, 1969 . . 70

12. Formas de comprar los artículos de consumo en los grupos domésticos de los arrabales y caseríos de Cataño, 1969 71

13. Lugar donde los grupos domésticos de los arrabales y caseríos de Cataño compran los artículos de consumo, 1969 72

14. Años de escuela completados por los adultos (de 20 años o mayores) en la muestra del grupo doméstico de los arrabales y caseríos de Cataño, 1969 . . 74

15. Estado civil de las personas de 14 años de edad y mayores en la muestra del grupo doméstico de los arrabales y caseríos de Cataño, 1969 77

16. Composición del grupo doméstico en la muestra de los arrabales y caseríos de Cataño, 1969 78

17. Composición de los grupos domésticos encabezados por la mujer en la muestra de los arrabales y caseríos de Cataño, 1969 79

18. Distribución residencial de los votantes para los años 1956, 1960 y 1964 92

19. El comportamiento electoral de los votantes en Cataño y en la muestra en las elecciones de 1968 . . 104

20. Tipo de participación en la política durante el año electoral de 1968. Muestra de los arrabales y caseríos de Cataño 106

21. Tipos de participación en la política durante el año electoral de 1968. Comparación entre los votantes y los no votantes. Muestra en los arrabales y caseríos de Cataño 107

22. Explicaciones dadas por los entrevistados sobre el resultado de las elecciones de 1968 en Puerto Rico. Muestra de los arrabales y caseríos en Cataño . . 113

23. Conocimiento de los términos del estado político comúnmente usados en Puerto Rico. Muestra de los arrabales y caseríos en Cataño 114

24. Razones para abstenerse de votar en las elecciones de 1964 y 1968. Muestra de los arrabales y caseríos de Cataño 116

25. Razones para votar por un partido en particular en las elecciones de 1968. Muestra de los arrabales y caseríos de Cataño 117

26. Comportamiento electoral en 1964 y 1968. Muestra de los arrabales y caseríos de Cataño 118

27. Relación entre la observación de programas políticos televisados y el comportamiento electoral en 1968. Muestra de los arrabales y caseríos en Cataño . . 120

28. Relación entre la asistencia a los mítines políticos y el comportamiento electoral. Muestra de los arrabales y caseríos de Cataño 121

LISTA DE ILUSTRACIONES

1. Mapa del área metropolitana de San Juan . . . 16
2. Mapa de los arrabales y caseríos de Cataño . . . 19
3. Mapa de Puerto Rico 47

4. Porciento de la distribución de la participación en las actividades políticas durante 1968 108

5. Porciento de la distribución de los individuos que identificaron los lemas de campaña y su significado. Las elecciones de 1968 110

NOTA DE LA TRADUCTORA

Todos los términos subrayados y marcados con asterisco han permanecido según se encuentran en el original. No creí necesario subrayar los toponímicos, dado que dichos nombres aparecen en español en el texto original. Los términos que se repiten en el texto han sido señalados sólo algunas veces, para no distraer la atención del lector.

El texto original (la tesis presentada por el autor para optar al grado de doctorado en antropología) difiere del texto traducido al español; las diferencias fueron establecidas por el autor para fines de publicación de la traducción. Del mismo modo, si el lector tiene oportunidad de leer el texto original, notará que el prefacio es completamente distinto al que se encuentra en la traducción. Esto se debe a que el autor consideró inactual el prefacio original, ya que habían transcurrido varios años desde la realización del estudio hasta el momento de la traducción.

PREFACIO

Hace ocho años comencé la investigación de campo, en los arrabales y caseríos de un pueblo del área metropolitana de San Juan, que sirve de base al presente estudio. El informe final de la investigación se escribió en inglés y se sometió como tesis doctoral en antropología a la Universidad de Brandeis en 1972. Se publica la versión española gracias al interés y la colaboración del Centro de Investigaciones Sociales, el Programa Graduado en Traducción y la Editorial de la Universidad de Puerto Rico. La traducción estuvo a cargo de Margarita López Chiclana, estudiante de la Escuela de Traducción.

Al revisar la traducción decidí que a pesar de sus limitaciones el mismo se debía publicar en su forma original como modesta contribución a los estudios urbanos en la sociedad puertorriqueña. Estudios posteriores a la redacción del manuscrito original no aparecen en el mismo pero considero que las preguntas que plantea el estudio continúan siendo válidas a pesar de que en los últimos cuatro años la dinámica sociopolítica de Puerto Rico ha experimentado grandes transformaciones.

Una revisión fundamental del manuscrito original implica un nuevo estudio de campo y documental que incorpore el análisis de fenómenos posteriores al período de investigación de campo. Los rescates de tierra que tuvieron su máximo desarrollo durante los años 1970 y 1971. El efecto de nuevas medidas institucionales, tales como el programa de cupones de alimento, en fortalecer los elementos de dependencia en la población de arrabales y caseríos. Otros dos fenómenos también deben ser considerados: el crecimiento cuantitativo, organizativo e ideológico del movimiento independentista y el desarrollo de la militancia obrera.

Estoy conciente de que la mayor limitación del estudio es su enfoque sincrónico, el estudiar una dinámica social en un momento particular sin enmarcarla en una perspectiva histórica más amplia. Aún así me parece que como documento de investigación de campo y como análisis de las elecciones de 1968 en los arrabales y caseríos de Cataño el mismo puede ser de utilidad para futuras investigaciones del comportamiento político. Toca al lector evaluar la pertinencia de este trabajo.

Río Piedras, Puerto Rico
Septiembre de 1975

RECONOCIMIENTO

Quiero hacer llegar mi agradecimiento a todas las personas que me ayudaron y estimularon en la realización de este trabajo. Estoy en deuda particularmente con los profesores Robert A. Manners, David Kaplan y Alex Weingrod de la Universidad de Brandeis, quienes hicieron una buena crítica del bosquejo de la investigación y del borrador original.

El Centro de Investigaciones Sociales de la Universidad de Puerto Rico patrocinó la investigación que sirvió de base a este estudio y facilitó la ayuda financiera y técnica para el trabajo de campo, así como el tiempo que invertí en analizar los datos y escribir el informe.

Agradezco a muchos amigos y colegas de la Universidad de Puerto Rico, el interés con que siempre estuvieron dispuestos a comentar mis interpretaciones del comportamiento político en Puerto Rico, entre ellos: Onel Vázquez, Antonio Lauria, Carlos Buitrago, Angel Quintero Rivera, Marcia Quintero, Isabel Picó, Celia Fernández Cintrón y Wenceslao Serra Deliz. Sobre todo me encuentro en deuda con las siguientes personas: Milton y Delia Pabón, cuya dirección intelectual desempeñó un papel principal en mi entrenamiento en la investigación social; Luis Nieves Falcón, ex-director del Centro de Investigaciones Sociales de la Universidad de Puerto Rico; Federico Hernández, quien leyó y criticó el primer borrador del manuscrito; Sybil Lewis, que editó la versión final del estudio; Carlos Villahermosa y Leonardo Rodríguez, que condujeron la mayor parte de las entrevistas; el personal secretarial del Centro de Investigaciones Sociales, en especial, Margarita Maldonado, Eleonora Arana y Camelia Sánchez. Por último, pero no menos importante, expreso mi agradecimiento a la gente de Cataño, que lamentablemente debe permanecer anónima.

I. INTRODUCCIÓN

El estudio de los pobres de la zona urbana —los grupos de ingresos bajos que viven en barrios pobres, asentamientos no regulados y viviendas públicas— ha sido objeto de gran atención en la literatura sociológica y antropológica de la última década. El proceso mundial de urbanización, la migración de los habitantes de la zona rural, su incorporación a la vida de la ciudad y la subsiguiente expansión de las barriadas de clase baja dentro de la ciudad y sus alrededores, presentan problemas teóricos y prácticos que preocupan a los científicos sociales, los planificadores y los políticos.

La investigación sobre los pobres de zona urbana se ha concentrado mayormente en tres áreas. La primera se caracteriza por informes técnicos de las condiciones sociales y económicas de los habitantes de barrios pobres y asentamientos urbanos no regulados.[1] Se incluyen todos los estudios que tratan de las condiciones de vida, las facilidades de vivienda, el acceso a los servicios públicos, el desempleo, los niveles de educación, las condiciones higiénicas y otras áreas, que en general se clasifican bajo la designación errónea de problemas sociales. Otro tipo de investigación se preocupa por comprender las motivaciones de la gente, sus aspiraciones, los orígenes del descontento y su posible amenaza a la relativa estabilidad de la sociedad y, de modo más particular, el bienestar de los grupos acaudalados y poderosos. Estos estudios tratan de ofrecer soluciones para mejorar las condiciones económicas del pobre y de reformar la desigualdad en la distribución de la riqueza, tanto en las naciones modernas como en las que están en desarrollo, sin alterar de modo significativo la actual estructura socio-económica. Por otro lado, el interés de las ciencias sociales por los aspectos destructivos del conflicto ha traído consigo una preocupación concomitante con el desarrollo de mecanismos y métodos institucionales, que controlen al pobre, para así evitar las rebeliones y apaciguar su supuesto potencial revolucionario. Una tercera categoría de investigación trata de comprender el mundo de los pobres de zona urbana, sus problemas, valores, actitudes y los mecanismos utilizados para adaptarse a las condiciones de vida sub-estándar, así como su integración a la sociedad más amplia.[2]

El concepto de la cultura de la pobreza, desarrollado por Oscar Lewis, es un enfoque discutible y muy criticado, encaminado a la comprensión de la participación que tienen los pobres de zona urbana en las instituciones de la sociedad más amplia. Lewis considera que la cultura de la pobreza es una adaptación desarrollada por personas en condiciones de privación social y económica, que les permite hacer frente a su posición en un sistema social que propicia la desigualdad. Como resultado de esto, muchos aspectos de la cultura de la pobreza son intentos para resolver los problemas de la sobrevivencia:

> La cultura de la pobreza es, simultáneamente, una adaptación y una reacción del pobre ante su posición marginada en una sociedad capitalista, muy individualista y estratificada en clases. Representa un esfuerzo por enfrentarse a los los sentimientos de desesperación y angustia que surgen al darse cuenta de la improbabilidad de alcanzar el éxito en términos de los valores y las metas de la sociedad más amplia. De hecho, muchos de los rasgos de la cultura de la pobreza se pueden prever como tentativas de soluciones locales para problemas que las agencias e instituciones existentes no han podido solucionar, ya sea porque la gente no cumple los requisitos exigidos, no puede sufragarlas, o porque las ignoran o desconfían de ellas. (Lewis 1966 b: XLIV).

Como han señalado muchos críticos,[3] el modelo de la cultura de la pobreza, con su énfasis principal en ideas y valores transmitidos de una generación a otra, es inadecuada para entender la integración, o la marginalidad de los pobres de zona urbana en la sociedad más amplia. Por otra parte, el concepto de marginalidad desarrollado por algunos sociólogos latinoamericanos, parece ser un mejor instrumento para determinar la participación efectiva de los pobres de zona urbana en las instituciones a nivel nacional.[4] Al principio, el término *marginados* * se utilizó para referirse a los residentes de los arrabales que estaban fuera del marco institucional de la vida en las ciudades. Ultimamente, el concepto de marginalidad se ha ampliado y se utiliza al referirse a todos los grupos a los cuales se restringe su participación activa en las diferentes instituciones dentro de una sociedad y, como resultado, éstos no participan en los procesos de tomar decisiones o en los beneficios del desarrollo económico. La marginalidad no indica separación o estar fuera del sistema, como podría ser el caso en los vestigios de las sociedades cazadoras y recolectoras en las selvas de Brasil. Estar marginado significa ser parte de un sistema más amplio, sin tener completa participación.

La marginalidad social se puede analizar en niveles institucionales diferentes. Se puede examinar en términos de la participación de los marginados en el proceso del crecimiento económico y del sistema de mercado, en su acceso a las instituciones públicas, en su aceptación o rechazo de las ideologías y los valores que prevalecen en la sociedad, así como por su participación en el proceso político. Según afirma González Casanova (1965: 108).

> El marginalismo social y cultural tiene relaciones obvias con el marginalismo político; influye y es influido por el marginalismo político. Para entender la estructura política de México es necesario comprender que muchos habitantes son marginales a la política, no tienen política, son objetos políticos, parte de la política de los que sí la tienen. No son sujetos políticos ni en la información, ni en la conciencia, ni en la organización, ni en la acción.

La participación de los pobres en el proceso político, y su relación con la estructura de poder de la sociedad en que viven, se puede considerar como una variable crucial en el análisis de su integración, o su marginalidad en la sociedad más amplia, si se entiende la política como: «las actividades que se relacionan, de modo más o menos directo, con la toma de decisiones obligatorias para una sociedad y sus subdivisiones principales» (Easton 1959: 227).

En el caso de la sociedad mexicana, González Casanova, ilustra su posición sobre la correlación existente entre la marginalidad social y la política por medio de un análisis de la participación de los grupos marginados en las elecciones nacionales:

> el hecho de que casi cuatro millones de familias no tienen la información política de México moderno; de que más del 50 por ciento del total viven al margen de la información política nacional directa, y poseen sólo una información local o verbal, coincidente en gran medida con la falta de una conciencia nacional actualizada al día, operante; el hecho de que en las últimas elecciones presidenciales no votaron aproximadamente 8 millones de ciudadanos que deberían haber votado, cantidad que aumentó considerablemente en las elecciones de diputados y en las de otros puestos representativos, y que deja al margen del sufragio a una parte considerable de la ciudadanía: al 50 por ciento aproximadamente. Estos hechos son indudables. No se prestan a la menor interpretación demagógica. Nos indican la existencia de una estructura social, en que es marginal a la política democrática por lo menos el 50 por ciento de la población (1965: 114).

La situación descrita en relación a México se repite en varios países latinoamericanos donde sólo el 20 por ciento de la población participa en las elecciones (Horowitz 1970). Aunque los datos mencionados parecen confirmar la posición de Lewis (1966b), cuando afirma que uno de los rasgos característicos de los habitantes de la cultura de la pobreza es la poca participación en las organizaciones políticas y un conocimiento superficial de los asuntos políticos, un crítico de su libro sobre Puerto Rico, ha puesto en duda esta conclusión. Mediante el uso de los datos recopilados por Lewis, Valentine (1968: 60) demuestra cuán enterados e informados están los personajes de *La Vida* acerca de las cuestiones políticas:

> Fernanda, la *grande dame* * de la familia Ríos, generaliza inteligentemente en repetidas ocasiones sobre la vida y la posición social de las prostitutas. Una de esas disquisiciones culmina en una sentenciosa disertación de la relación entre las prostitutas, la policía y el sistema jurídico. A continuación describe la lealtad apasionada y demostrativa de otro personaje para con el Partido Popular, y luego continúa explicando por qué ella y todos sus descendientes han sido Estadistas Republicanos. A Erasmo, quien vivió con Fernanda durante siete años, sólo se le conceden catorce páginas para su relato de esos años. De este espacio, dedica

dos páginas y media a la comparación de las oportunidades socioeconómicas entre Puerto Rico y Estados Unidos; señala de paso la política de otros cuatro países latinoamericanos; y comenta los principales temas políticos de Puerto Rico, sus partidos y sus personalidades.

Cuando las observaciones de Valentine se consideran unidas a recientes investigaciones acerca del comportamiento electoral en Puerto Rico, surgen varias dudas en cuanto a qué se entiende por participación política y la relación entre la marginalidad social y el comportamiento electoral. Aún cuando los marginados mexicanos y otros grupos semejantes de toda América Latina exhiben un bajo nivel de participación en las elecciones nacionales, en el caso de Puerto Rico existe una participación electoral relativamente alta en todos los sectores de la sociedad (Aldarondo 1968). A pesar del hecho de que los pobres de Puerto Rico votan, no han podido adquirir poder político para cambiar las condiciones de desigualdad social y económica que prevalecen en su sociedad. Sin tomar en cuenta el hecho de que Lewis está equivocado en su apreciación, respecto al nivel de participación política de los pobres de zona urbana de Puerto Rico, el problema crucial está en determinar cuál es la naturaleza de esa participación y cómo afecta las relaciones de poder en esta sociedad. Por tal razón, mi interés principal en este libro es analizar la participación de los pobres de zona urbana en el proceso político en Puerto Rico. El análisis de la participación política y las categorías utilizadas para medirla se analizan en los capítulos subsiguientes, dentro del marco del problema general de la integración y la participación en las instituciones nacionales.

En los últimos veinte años, los pobres de zona urbana se han convertido en un sector significativo de la sociedad puertorriqueña y, a pesar de que persisten grandes obstáculos para su acceso a la riqueza y a los servicios del gobierno, continúan dando su respaldo electoral a los partidos políticos y al liderato nacional identificados en el sistema que fomenta la desigualdad. Mi interés principal es explicar cómo un sistema basado en la explotación y la desigualdad, recibe el respaldo de los sectores de la población que ocupan el escalón más bajo de la jerarquía socioeconómica. En otras palabras, por qué los más explotados brindan su apoyo electoral a los representantes de los grupos que reciben los beneficios principales del actual sistema. Al mismo tiempo, el estudio es un intento de comprender la posición de los habitantes de arrabales y caseríos de Puerto Rico, a través de su participación en el proceso político y la integración, o marginalidad en el sistema social más amplio.

Este libro describe y analiza el comportamiento político de la gente que puede ser considerada como pobre si se compara con otros grupos de la sociedad urbana puertorriqueña. Su comportamiento político se considera dentro del contexto de la estructura social del lugar de residencia y de la sociedad puertorriqueña. El estudio se desarrolló en la tradición de la investigación antropológica actual en áreas urbanas, la cual recalca el hecho de que el comportamiento de los habitantes de zona urbana no se puede explicar sin hacer referencia a la sociedad más amplia (Leeds 1968; Plotnicov 1967; Fox 1971). Otra razón para la realización de este estudio es mi deseo de contribuir a la comprensión de varios aspectos de la vida en las barriadas urbanas de ingresos bajos en Puerto Rico, que todavía parecen confusos para muchos estudiosos.[5] En especial me interesa ofrecer una explicación adecuada del comportamiento político de los pobres de zona urbana de Puerto Rico, y considerar la polémica actual acerca de su relativo conservadurismo o potencial revolucionario, tema que habré de comentar en la siguiente sección de este capítulo.

LOS BARRIOS POBRES, LA POBREZA Y LA POLÍTICA

La privación social y económica de los habitantes de los barrios pobres de América del Norte,[6] se considera una fuente de descontento y una de las causas principales de los esporádicos movimientos de rebelión y de los motines de los *ghettos* * de las grandes ciudades. Algunos estudios han tratado de establecer una correlación entre el color, la pobreza, la discriminación y los motines de las zonas urbanas. Para algunos autores los barrios pobres constituyen lo que Stokes (1962) llamó «barrios de desesperación», donde la pobreza se transmite de una generación a otra sin esperanzas de liberación económica y política. El nuevo poblador de los barrios pobres «no participa en la cultura de aspiración, que era la vitalidad de los barrios pobres étnicos» (Harrigton 1963: 143), pero en lugar de esto, a veces participa en los motines urbanos:

> Los motines actuales son el resultado del peculiar problema del *ghetto*.* Al limitar a los negros a los *ghettos*,* los hemos privado de la oportunidad de ingresar a la sociedad americana bajo los mismos términos que otros grupos anteriores a ellos. Y se dan cuenta, cada vez más, de que esta exclusión no se debe a su educación, a su entrenamiento o a su ingreso. Más bien brota del color de su piel. Esto hace que la raza sea la controversia explosiva de nuestro tiempo, hace que peligre la tranquilidad de nuestras ciudades. Desde el punto de vista del historiador, los veranos continuarán interminables y sofocantes, mientras no comience a abrirse el «ghetto» y mientras la gente joven no pueda ver vivir a los negros donde se lo permitan sus recursos, y por consecuencia reciban verdadera evidencia de un cambio cualitativo (Wade 1969: 26).

La formación de grupos políticos radicales en los «ghettos» de América del Norte y el aumento en la militancia política entre los grupos minoritarios de varias ciudades, han contribuido a que los grupos izquierdistas tomen mayor conciencia de las implicaciones políticas de la pobreza y de las condiciones de vida en los barrios pobres. Los motines de Watts y Detroit, el papel de los sectores más pobres de la ciudad de Santo Domingo en la revuelta de 1965 y los motines más recientes de las ciudades de Jamaica, Curaçao y Trinidad, se mencionan generalmente como ejemplos del potencial revolucionario de los pobladores de barrios pobres. En su obra Fanon (1966), provee orientación teórica por medio de su defensa del papel que desempeña el lumpen-proletariado de zona urbana. Aunque en algunos países se ha considerado a los pobres de zona urbana como los aliados potenciales de los grupos que promueven la transformación revolucionaria de la sociedad capitalista, varios estudios de los arrabales latinoamericanos destacan el comportamiento político conservador de los residentes, en términos de su respaldo a partidos políticos centristas o de centro derecha. Por eso, Turner (1966) considera que los habitantes de las barriadas urbanas de América son, políticamente, más conservadores que otros grupos en la misma sociedad; mientras Weiner (1962) afirma que la votación de los pobres de zona urbana es más conservadora que la de la clase media.

Aún cuando la violencia ocasional y los motines en los barrios pobres no están del todo correlacionados con el radicalismo político, entendido en términos de un compromiso con el cambio fundamental de las estructuras sociales y económicas de una sociedad, es necesario preguntar por qué los pobladores de barrios pobres en algunos lugares recurren a las confrontaciones violentas, mientras en otros dan su voto y su respaldo a los políticos que proponen la continuación del sistema existente de desigualdad social y económica.[7] Armstrong y McGee, en un ensayo reciente (1968: 353-354), han analizado el segundo caso en algunas ciudades del Tercer Mundo:

> La mayor parte de los países del Tercer Mundo se caracteriza por dos hechos indiscutibles. Primero, sus ciudades se han desarrollado de modo imponente durante la década pasada. Segundo, el desarrollo de la ciudad no se ha asociado con un ritmo de crecimiento económico suficientemente rápido para proporcionar oportunidades de empleo a las poblaciones que en estas ciudades tienen un crecimiento acelerado. Ante esta situación, son poco sorprendentes los informes frecuentes sobre explosiones de violencia esporádica y amotinamientos. Lo que resulta inexplicable es que dada una situación donde muchas de las poblaciones de estas ciudades continúan existiendo en un nivel de vida que parece submarginal —bajo condiciones crónicas de desempleo y sub-empleo; enfrentadas a problemas de superpoblación y vivienda inadecuada; y que constantemente recuerda su condición sub-humana, debido a la opulencia de las élites demasiado perceptibles— los pobres no hayan sentado las bases para un movimiento revoluconario exitoso y genuino.

Estos autores llegan a la conclusión de que el sentido de empleo creado por una intensa economía laboral en las ciudades del Tercer Mundo, no permite la formación de una conciencia revolucionaria. Un extenso estudio acerca de los arrabales de las áreas urbanas de Venezuela, presenta otros elementos que afectan el comportamiento político:

La explicación más obvia para la falta de militancia es la timidez de la gente de barrio, respecto de una acción política no sancionada; si el análisis anterior es correcto, esta característica, en su mayor parte, es la consecuencia de la falta de confianza en ellos mismos como actores políticos, desconfianza en sus líderes e inseguridad ante la presencia ominosa de la «autoridad». Si los habitantes de barrio no tuvieran estas inhibiciones —por lo menos, los que viven en las ciudades del interior— podrían ser movilzados por los partidos de oposición y transformados en partidarios militantes. Más aún, con un sentimiento de mayor seguridad serían capaces de producir sus propios líderes de tipo extracomunal, los cuales podrían organizarlos y representar sus intereses colectivos.

No obstante, la apariencia exterior es más engañosa por la idea que ofrece sobre la posición asumida por la gente de barrio, respecto de su modo de vida. A pesar de la aparente miseria que supone la vida en ranchos, para la mayoría no es una amarga experiencia. No los hace sentirse oprimidos o sacrificados por el resto de la sociedad, ni engendra un agudo sentido de injusticia social. No pensaríamos así, si presumimos que los residentes evalúan sus condiciones sobre la base de los criterios de la clase media moderna (Ray 1969: 152-153).

La diversidad de comportamientos políticos entre los pobres de zona urbana se relaciona con varios factores. Las conceptualizaciones que los pobres de zona urbana hacen de sí mismos y de su relación con otros grupos en la sociedad son decisivas. Otro factor significativo en la formación de sus perspectivas políticas es la disponibilidad de oportunidades y la viabilidad de mejorar sus condiciones económicas. Una suposición implícita en los escritos y en la polémica acerca del potencial revolucionario de los habitantes de barrios pobres es que el desarrollo de la conciencia de clase se acelera por dos condiciones: la persistencia de la extrema desigualdad socioeconómica y el darse cuenta de que no hay oportunidades de progreso en la jerarquía social. Las oportunidades para el desarrollo del radicalismo político se intensifican cuando los «barrios de esperanza» se convierten en «barrios de desesperación». Como resultado, el habitante de barrio pobre, su pobreza y su comportamiento político deben entenderse dentro del contexto de la sociedad más amplia.

En Puerto Rico, los pobres de zona urbana dan su respaldo electoral a los partidos políticos cuyos lideratos nacionales representan el estrato superior de la sociedad. El ejemplo más dramático de esta tendencia es el respaldo dado a un partido político en las elecciones de 1968, el *Partido Nuevo Progresista*,* presidido por un millonario y estrechamente identificado con el capitalismo corporativo. El hecho de que por parte del puertorriqueño pobre (tanto el urbano como el rural) no se ha manifestado ninguna amenaza seria a la estabilidad del actual régimen colonial, apoya un tanto a los defensores de la tesis de que el conservadurismo y la falta de potencial revolucionario son características de los pobres de zona urbana (Lewis 1966b; Maldonado Denis 1969). El conservadurismo de los pobres de zona urbana se explica por lo general en términos de su comportamiento electoral y, por tal razón, en este estudio me propongo enfocar su comportamiento político desde una perspectiva diferente. Comentaré cómo la gente en los arrabales evalúa a los políticos, cómo perciben las cuestiones políticas, y de acuerdo en qué fundamento toman la decisión de votar por un partido en particular.

LOS BARRIOS POBRES Y LOS ASENTAMIENTOS NO REGULADOS

Los barrios pobres generalmente se definen como las vecindades urbanas caracterizadas por: ingreso bajo, hacinamiento, condiciones de vivienda sub-estándares, educación inferior, niveles de destreza limitados, problemas de higiene y servicios públicos inadecuados (Hunter 1964). También se clasifican como áreas de deterioro físico y desorganización social. Casi todos los criterios utilizados para clasificar un área como barrio pobre, se basan en los estándares y valores de clase media formulados en muchas de las metas y reglamentos relacionados con los programas de renovación urbana. Estos criterios han sido cuestionados no sólo por las personas afectadas pos los programas de renovación urbana, sino también por muchos especialistas en asuntos urbanos. La crítica de Gans (1962: 309), desarrollada mientras estudiaba una vecindad italo-americana en Boston, es un buen ejemplo de lo anterior:

Los estándares de la vivienda federales y locales que se aplican a las áreas de los barrios pobres, reflejan el patrón valorativo de los profesionales de la clase media alta. Estos profesionales, al igual que el resto de la clase media, asignan a la vivienda mayor valor (medido mediante el porcentaje de ingreso que se invertirá en la misma) y dan más énfasis que la clase obrera al prestigio que puedan obtener de la vivienda. También difieren los signos utilizados por las dos clases en lo que atañe al prestigio de la vivienda. Además, la evaluación de los profesionales con relación al comportamiento de los residentes de los barrios pobres, se basa en los estándares clasistas que confunden los actos patológicos y antisociales con un comportamiento que sólo es culturalmente diferente.

Se acostumbra aplicar el término de barrio pobre a un área dentro de la ciudad que se ha deteriorado a través de los años, o donde alguna vez se construyeron viviendas sub-estándares o casas de vecindad para acomodar las poblaciones de ingresos bajos. Se encuentran, por lo general, en las ciudades de las sociedades más industrializadas como Estados Unidos, pero también se hallan en las ciudades de las naciones en desarrollo. En América Latina llevan varios nombres: *callejones*,* en La Paz; *casa de vecindad*,* en México; *conventillo*,* en Buenos Aires y *zaguanes*,* en San Juan.[8] La mayoría de los residentes son inquilinos de caseros que viven fuera del área.

Aún cuando en ocasiones los terrenos de la propiedad privada se utilizan para la apropiación ilegal, la mayor parte de los pobres de zona urbana en las naciones en desarrollo viven en asentamientos no regulados localizados en las afueras de la ciudad, en la tierra marginal que es pública. Muchos de los residentes son ex-campesinos y habitantes de zona rural, que vinieron a la ciudad en busca de trabajos y con la esperanza de mejorar su nivel de vida. Las barriadas se forman cuando la gente ocupa el terreno, lo divide en solares y fabrica casas de acuerdo a los recursos de cada familia. Se utiliza todo tipo de construcción: madera, cartón, latas, y el algunos países cañas. La diversidad de materiales y la inventiva de los constructores, que utilizan todo material disponible en la construcción de una vivienda, son un tributo a los recursos de la gente pobre que necesita un hogar. Las barriadas reciben nombres distintos de acuerdo al país. En el Caribe Británico se conocen como *shantytowns*,* en Brasil se llaman *favelas*,* en Argentina *villas miserias,** en Venezuela *barrios,** en Chile *callampas** y en México *colonias proletarias.**⁹

Los asentamientos no regulados difieren de los barrios en muchos rasgos. Uno de los más significativos es que las casas y el área adyacente en las comunidades de los invasores, en lugar de deteriorarse con el tiempo se mejoran constantemente de acuerdo a los recursos y las aspiraciones de sus dueños. Mientras más vieja sea la barriada, más diversificada y estratificada será su composición. Por lo general, los pobladores más antiguos viven en casas mejores y más cercanas a la carretera, mientras los recién llegados se mudan a la parte porterior en casuchas que tienen menos o prácticamente ningún acceso a los servicios públicos, tales como el agua y la electricidad. Un informe acerca de las características principales de los asentamientos urbanos no regulados de todo el mundo, resume algunas de las características principales de los arrabales:

> El proceso de apropiación tiene algunos rasgos favorables, a pesar de que el arrabal clásico es el refugio más primitivo. Al apropiarse del terreno del gobierno, el hombre pobre gana acceso (aunque acceso ilegal) a una parte de los dominios públicos que no se están utilizando; y aunque podrían despojarlo de ellos, crea un poco de riqueza mediante sus propios esfuerzos, y la esperanza de adquirir y poseer una propiedad.
>
> De este modo, es probable que el invasor-constructor sea el principal contribuyente al inventario de la construcción en las naciones en desarrollo. Esta construcción, en gran medida se realiza por medio del esfuerzo propio o con la ayuda de otros; pero no con la del gobierno. Tiene virtudes de la construcción rápida y utiliza muy poco o ningún material importado. Aunque no sea una solución para la escasez de vivienda, podría aliviar algunas de sus necesidades. El aspecto más importante es que este tipo de construcción no es en modo alguno de calidad estática. La vivienda puede ser un amontonamiento de piezas recogidas al azar, o un revoltijo de elementos, o restos de madera, pero aún así puede servir como el refugio temporero destinado a ser reemplazado por una estructura más duradera. (Abrams 1966: 20-21).

LOS ARRABALES * DE PUERTO RICO

En Puerto Rico existen pocas zonas urbanas con casas de vecindad. Gran parte de los pobres de zona urbana viven en *arrabales*.*[10] El desarrollo de los arrabales en esta isla sigue el patrón representado por muchas de las ciudades del Tercer Mundo. En el área metropolitana de San Juan, el conglomerado urbano más grande de Puerto Rico,[11] los arrabales están ubicados en manglares y cerca de los canales que rodean el distrito de Santurce-Hato Rey. En otros pueblos se encuentran cerca de los ríos, en manglares y en las colinas. Cuando se construyeron los arrabales, estas tierras eran marginales e inadecuadas para la agricultura debido a las condiciones del terreno. A pesar de que gran parte de la tierra es pública, en ocasiones se ha invadido la privada.

Para el año 1969, en Puerto Rico había 421 comunidades clasificadas como arrabales,[12] cada una con distinto nombre y territorio. El mayor número (148) se encontraba en el área metropolitana de San Juan. Aunque hace más de veinte años se estableció un extenso programa de renovación urbana y de construcción de viviendas públicas, los arrabales están en aumento constante en lugar de disminuir. Se ha calculado que la proporción de crecimiento de las unidades de vivienda es de mil casas por año. En 1969, había 109.000 unidades de vivienda en los arrabales.[13] Se pronosticó que en el 1970 habría 110.000 unidades que albergarían una población de 500.000 puertorriqueños. Otros arrabales son más antiguos, algunos tienen más de doscientos años, pero el inmenso crecimiento de los arrabales comenzó en los años treinta con la gran migración de las áreas rurales a las ciudades (Safa 1967: 10). Aún cuando algunas familias han sido capaces de mudarse a otras vecindades como resultado del proceso de la movilización ascendente, para muchos de los habitantes los arrabales tienden a ser lugares de residencia permanentes. Como consecuencia de esta tendencia, las personas tratan de mejorar sus casas y áreas vecinas para fijar allí su residencia. Su interés por permanecer en los arrabales está en pugna con el programa de renovación urbana, que intenta despejar el área de las estructuras y mudar a los residentes a viviendas públicas, o de bajo costo en otras vecindades.[14]

Las condiciones económicas en los arrabales muestran el extenso predominio de la pobreza, el desempleo y sub-empleo, los niveles bajos de educación y otras características representadas por los arrabales de muchos países.[15] Condiciones semejantes se encuentran en muchos *caseríos*[*16] que ofrecen facilidades de vivienda estándares. La solución para los problemas de la privación social y económica no es mudar a la gente de los arrabales a los caseríos. Debido a esto, algunos de los caseríos están adquiriendo las características asociadas a los «ghettos» de las grandes ciudades industriales de Estados Unidos. Los arrabales y caseríos se convierten en lugares de residencia relativamente permanente y lo característico de los arrabales recién formados con la esperanza de los habitantes por mejorar sus niveles de vida, se inclina a dar paso a la apatía y la desesperación, creadas por una vida de pobreza continua, que Lewis (1966 b) ha descrito con tanta eficacia.

La literatura sobre los arrabales de Puerto Rico presenta abundantes informes técnicos y estadísticos que no proporcionan suficiente información acerca de la vida social de la gente. Algunos artículos escritos por periodistas brindan alguna idea de cómo vive y siente la gente en realidad, pero la literatura de la ciencia social con relación a los arrabales es escasa. Los trabajos de Safa (1964; 1966) sobre la estructura familiar; Rogler y Hollingshead, acerca de la esquizofrenia (1965); Hollingshead (1963) y Back (1962), sobre las actitudes con respecto de la vivienda pública; Lewis (1966 b) con la cultura de la pobreza; los informes de varios estudios realizados por la Escuela de Trabajo Social de la Universidad de Puerto Rico (Marín 1967; 1969) y algunas observaciones de Ruiz (1963), constituyen la escasa literatura de la ciencia social respecto de los arrabales de Puerto Rico.

LA SELECCIÓN DEL ÁREA DE ESTUDIO

El área metropolitana de San Juan cuenta con el mayor número de arrabales en Puerto Rico. El área metropolitana consiste de cinco municipios: San Juan, Carolina, Guaynabo, Bayamón y Cataño. El último es el más pobre, determinado en términos de los ingresos per capita [17] derivados por el gobierno municipal y por las condiciones físicas del pueblo y las vecindades. Cataño, en su totalidad, siempre se ha considerado un barrio pobre donde la gente de clase media ha sido una minoría (*Cámara de Representantes* * 1965: IV-I). De los 28.000 habitantes que tenía en 1968, aproximadamente 17.000 vivían en arrabales y caseríos. Ocupa un área de cinco millas cuadradas, por lo cual es el municipio más pequeño de la isla.

El reducido tamaño del área y la población numerosa que vive en los arrabales, lo convierten en un marco perfecto para este estudio en particular.

Como *municipio* * de Puerto Rico,[18] Cataño elige un alcalde y los miembros de la Asamblea Municipal. Está integrado en el precinto electoral número 10, junto con otro municipio (Toa Baja) y un barrio de otro (Hato Tejas), para elegir un miembro a la Cámara de Representantes y otro al Senado. Ambas políticas, la municipal y la insular, operan en el área. (Véase Ilustración I).

El tamaño reducido del pueblo y la población, comparado con otros municipios en el área metropolitana,[19] permite que los funcionarios electos estén en contacto más directo con la gente. Es posible que algunos de los resultados de este estudio estén condicionados por esta situación, aunque no se puede determinar hasta que punto. De este modo, es probable que los habitantes de Cataño estén mejor informados acerca de los asuntos municipales y de los «chismes» políticos locales que los residentes de los arrabales en otros sectores del área metropolitana, donde el alcalde y otros políticos se encuentran más separados de la gente.

El período de investigación se extendió desde junio de 1968 hasta julio de 1969. Los dos primeros meses se dedicaron a la recopilación de documentos sobre los arrabales en general, y a la lectura de informes y artículos periodísticos acerca de Cataño. La campaña pre-electoral estaba en sus comienzos y se invirtió algún tiempo en obtener información de la situación política. Se programó que el estudio se llevaría a cabo en Cataño tres meses antes de las elecciones generales de noviembre

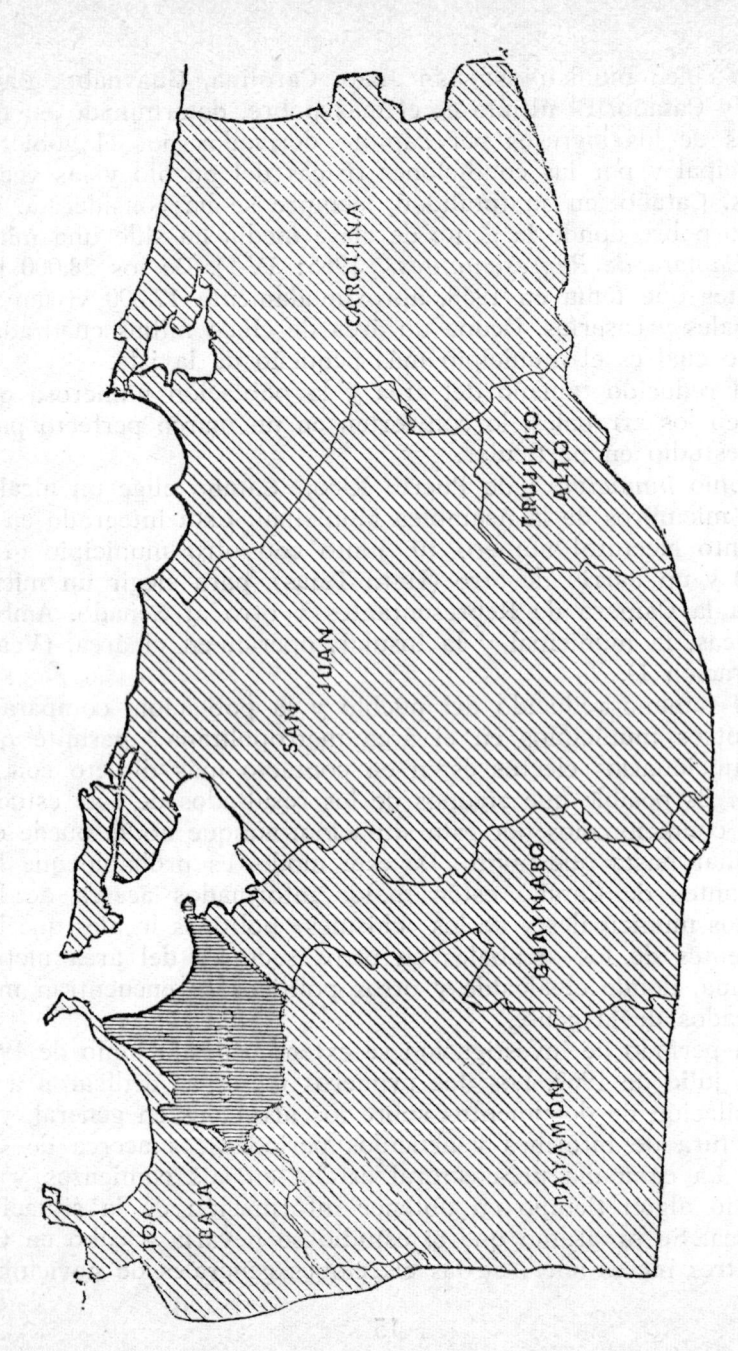

Mapa del área metropolitana de San Juan

de 1968 para observar la campaña y comparar la política municipal pre-electoral con su equivalente nacional.

LA METODOLOGÍA

La metodología consistió en técnicas tradicionales de observación, la distribución de un cuestionario a una muestra de la población seleccionada al azar, así como intensas entrevistas a los líderes políticos más importantes de los arrabales.

Durante el período pre-electoral, se dedicó gran parte del tiempo a observar las reuniones de comités de los diferentes partidos políticos durante mítines en el pueblo y en todas las vecindades, y durante conversaciones informales con los líderes políticos. También contaba con cuatro informantes permanentes que tenían tiempo suficiente para hablar conmigo casi todos los días; dos eran residentes de los arrabales, uno vivía en el pueblo y el otro era un profesional con una oficina en el pueblo, donde la gente solía ir a consultar y a conversar. Tres de ellos estaban muy involucrados en el proceso político, el otro era empleado de desarrollo comunal. A pesar de que los demás líderes políticos estaban muy ocupados, a menudo hablé con ellos durante las reuniones y los mítines.

Después de las elecciones presté mayor atención a las características sociales de los arrabales que a los líderes políticos. La actividad política disminuyó y se veía a los líderes con menos frecuencia. En diciembre de 1968, comencé a trabajar en una muestra de los arrabales con la distribución de un cuestionario. Empleé un ayudante, natural de Cataño, que estudiaba sociología en la Universidad de Puerto Rico. En el proceso de contar las casas, revisar los mapas existentes y los dibujos de los sectores que no aparecieron registrados, comencé a comprender lo que significa vivir en un arrabal con sus concomitantes condiciones económicas y los valores de la gente. Como era necesario explicar lo que hacíamos,[20] nuestro trabajo nos proporcionó una excusa para estar en las vecindades y la oportunidad de hablar con la gente. Al mismo tiempo, comencé a trabajar en un cuestionario adaptado a las condiciones locales y pertinente al problema de mi investigación.

Cuando se inauguró la nueva administración política del *municipio*,* en enero de 1969,[21] surgieron los conflictos de las distintas facciones del partido en el poder, y muchas personas comenzaron a interesarse en la actividad política. Bajo estas circunstancias, tuve que volver mi atención a las cuestiones políticas, mientras aún trabajaba en las muestras.

La muestra se escogió como sigue: Se establecieron los límites de los arrabales de Cataño; en tres de ellos fue una tarea fácil, ya que están demarcados con claridad. Calificamos al cuarto como el arrabal dentro del pueblo. La sección sur del pueblo se divide en viviendas de clase media baja y en arrabales cercanos al canal que separa a Cataño de Guaynabo. En muchos lugares el caño se reduce a una zanja de 3 pies, que establece la frontera entre los dos municipios. Aunque los arrabales de Guaynabo están ubicados cerca de los de Cataño, no se incluyeron en nuestra muestra ni en el estudio en general, ya que están integrados en la organización política de Guaynabo. Para establecer los límites del arrabal dentro del pueblo, tuvimos que seguir las normas de zonificación establecidas por la Junta de Planificación de Puerto Rico. El código de zonificación tenía más de diez años y fue necesario realizar un reconocimiento rápido de toda el área, con la ayuda de mapas y fotos aéreas. Durante el proceso, hicimos mapas de la sección y contamos las estructuras existentes. Encontramos que gran parte del área era un arrabal, pero se omitió un pequeño sector porque la gente era propietaria de la tierra y había construido casas de concreto modernas. Fue necesario eliminar este sector de nuestra muestra, ya que uno de los rasgos más significativos de los arrabales es que sus habitantes son agregados.[22]

Se trazaron los mapas de dos arrabales y se identificó cada casa. Muchas casas habían sido demolidas; por lo tanto se corroboraron también los mapas del arrabal más grande, preparados por la Corporación de Renovación Urbana. Como resultado, terminamos con mapas para todos los arrabales, mapas en los que se identificó cada casa y cada estructura. En varias ocasiones fue difícil la identificación de las casas porque se encontraban muy cerca unas de otras; algunas no se veían desde las carreteras y los callejones.

Se omitieron todas las secciones de clase media del pueblo,

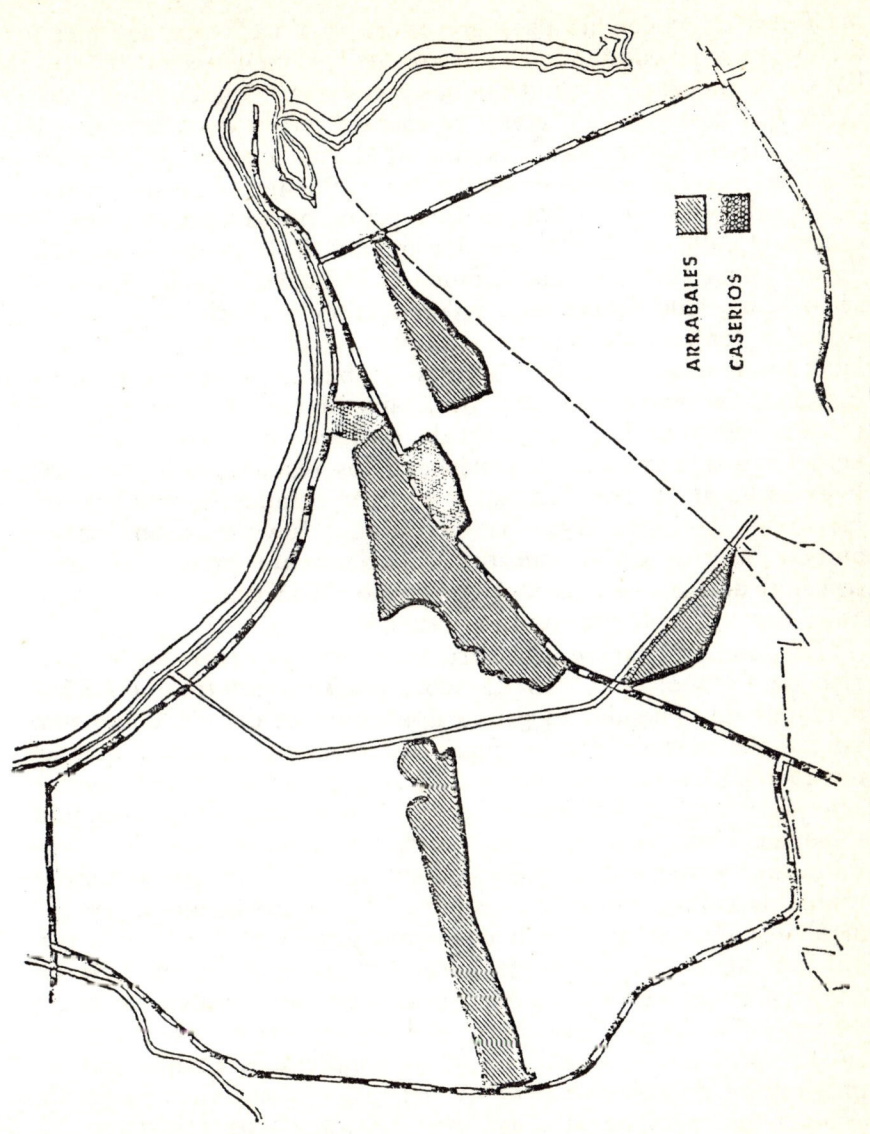

Mapa de los arrabales y caseríos de Cataño

las áreas de viviendas de ingresos bajos no clasificadas como arrabales, una comunidad de *parcelas*[23] y un caserío a donde habían comenzado a mudarse las personas.[24] Sin embargo, los otros dos caseríos de Cataño se incluyeron en la muestra.

Decidí incluir ambos caseríos al darme cuenta de la marcada interacción existente entre los residentes de éstos y los del arrabal de Juana Matos. Los primeros se encontraban al cruzar la calle desde el arrabal y mucha de la gente deshauciada de Juana Matos se había mudado al nuevo caserío. Este caserío había sido inaugurado un año antes y muchos de los residentes tenían familiares y amigos en el arrabal. Por otro lado, los residentes de los caseríos estaban incluidos en la organización política del arrabal de Juana Matos. Uno de los líderes del subcomité de un partido político vivía en el caserío pero tenía que trabajar también con los residentes del arrabal. Para estudiar la organización y el comportamiento político de las áreas de bajos ingresos de Cataño, fue necesario incluir ambos caseríos en la muestra; especialmente cuando la construcción de los caseríos y el deshaucio de la gente de los arrabales era un problema político crucial.

La enumeración de las estructuras en los arrabales y caseríos de Cataño, en enero de 1969, presentó un total de 3.514 unidades de vivienda. El grupo doméstico se definió como una unidad de vivienda donde vivían una o más personas y que tenía facilidades para comer y dormir separadas. Escogimos los 200 hogares que habríamos de entrevistar mediante el uso de una tabla de números al azar; la escasez de recursos sólo me permitía entrevistar a 200. Sólo se completaron 157 entrevistas durante los cuatro meses que pasaron los entrevistadores en los arrabales de Cataño. Tenía dos entrevistadores, los cuales trabajaban alrededor de veinte horas semanales cada uno. Se visitaba a cada grupo doméstico hasta que se completaba la entrevista. En la primera parte del cuestionario sobre las características de los residentes y las condiciones económicas, se preguntaba a cualquier persona del grupo doméstico. Luego se escogía una persona al azar entre los miembros del grupo doméstico que tenían 21 años o más. El criterio utilizado para medir la participación política fue el de un mínimo de 21 años, la edad de votar. A estas personas se les formularon las preguntas sobre la participación política.[25] Com resultado, las opiniones políticas de las personas menores de 21 años, no están representadas en este estudio. La entrevista generalmente duraba de 2 a 3 horas; algunas veces más. Hubo siete personas que se negaron a ser entrevistadas; 14 casas fueron demolidas y 9 desocupadas, desde la fecha de la enumeración hasta el momento en que los entrevistadores buscaron la casa. Dábamos prioridad al área donde se estaban derrumbando las casas y se estaba mudando la gente. Trece se descartaron de la muestra: cuatro porque no había nadie de 21 años de edad, cinco eran unidades no habitadas y cuatro personas que no estaban disponibles para la entrevista, a pesar de que los entrevistadores los habían visitado en varias ocasiones.

Mientras los entrevistadores hacían su trabajo, dediqué mi tiempo a conversaciones informales en los arrabales y a alguna entrevista ocasional. Visitaba los líderes de los arrabales con regularidad, en especial los que vivían en arrabales de los cuales tenía poca información. Algunos de los líderes se mostraban poco dispuestos a hablar a pesar de que los conocía desde hacía algún tiempo. Pude entrevistar a nueve de los más destacados.[26] No se incluyó a ninguna de las mujeres debido a que no eran prominentes en la vida política o no resultaban tan accesibles como los hombres. Los líderes entrevistados eran o habían sido los presidentes de comités de partido en los arrabales donde vivían. Algunas de las entrevistas fueron grabadas; en otras tomé notas. La entrevista creó una atmósfera formal a pesar de que había hablado con casi todos ellos en varias ocasiones, excepto con uno que era muy difícil de conseguir. Era indispensable formular las preguntas con cierta secuencia y obtener sus puntos de vista y opiniones acerca de los mismos incidentes de la vida política del *municipio*,* así como su comprensión de los principales problemas políticos en la sociedad puertorriqueña. Gran parte de la información para el capítulo sobre el liderato político proviene de estas entrevistas junto con muchas observaciones del comportamiento de los políticos.

En el resto de este trabajo me propongo examinar el comportamiento de los pobres de zona urbana durante un año electoral y discutir el resultado de las elecciones de 1968 como un voto de protesta. En lugar de suponer que los pobres de zona urbana son conservadores, explicaré su comportamiento político como resultado de la falta de conciencia de clase y los impedimentos al desarrollo de la misma entre los pobres.

Para este estudio se escogieron el arrabal y los caseríos cercanos porque ayudan a comprender cómo los pobres de zona urbana —que no han recibido los beneficios principales del crecimiento económico de Puerto Rico— respaldan o aceptan el sistema político que fomenta la desigualdad. No se han rebelado ni han ofrecido soluciones políticas opuestas al sistema, para desafiar las desigualdades básicas de la sociedad.[27] Mi estudio demuestra cómo el pobre de la zona urbana en Cataño, dio gran respaldo en las elecciones de 1968, a un partido político identificado con el capitalismo corporativo de Puerto Rico. Quintero (1970), encontró una tendencia similar en el comportamiento electoral de los pobres de zona urbana de la ciudad de San Juan. Aún cuando la tendencia entre algunos científicos en Puerto Rico es de considerar a los pobres de zona urbana como conservadores porque respaldan el liderato político que es parte o aliado de los grupos que controlan la economía de Puerto Rico, no han dado una explicación sistemática del comportamiento electoral y otros aspectos de su comportamiento político.

Para entender el resultado de las elecciones de 1968 y enmarcar el comportamiento político de los pobres de zona urbana en Cataño dentro del contexto de la sociedad puertorriqueña, expondré en el próximo capítulo algunos sucesos significativos anteriores a las elecciones, y la dinámica de la campaña política.

II. LA DINÁMICA DE LAS ELECCIONES DE 1968

El propósito de este capítulo es examinar los sucesos principales de las elecciones de 1968, a nivel insular, para entender la relación entre la política en Puerto Rico durante el año electoral y la participación local en los arrabales de Cataño. Aún cuando la gente en los arrabales estaba bien informada sobre los asuntos insulares, el análisis del capítulo cuatro deja ver que se interesaban más por los asuntos locales. Existe una relación obvia entre la política local y la insular. Este capítulo provee un marco general para situar los asuntos locales dentro del contexto insular.

LA ERA DE LOS POPULARES:* LOS ANTECEDENTES DE LAS ELECCIONES DE 1968

Por lo general se acepta (Lewis 1963) que las elecciones de 1940 constituyeron un adelanto en una sociedad colonial estancada, y caracterizada por pobreza extrema, analfabetismo, desnutrición y todas las consecuencias del subdesarrollo en una sociedad principalmente agraria controlada por las grandes corporaciones de la industria azucarera. En ese año, el nuevo movimiento reformista, representado por el *Partido Popular Democrático* * (PPD), ganó por un estrecho margen de votos. Aunque una revisión de las condiciones sociales y económicas de

Puerto Rico, bajo el impacto del capitalismo americano entre los años 1898 y 1940, está fuera del ámbito de este estudio,[1] es pertinente destacar que durante todo este período Puerto Rico fue una «colonia» clásica.

> La bandera americana encontró a Puerto Rico sin un centavo pero contento. Ahora flota sobre una próspera factoría trabajada por esclavos que han perdido su tierra y es posible que pronto pierdan también sus guitarras y sus canciones. En los viejos tiempos la mayoría de los campesinos puertorriqueños poseían unos cuantos cerdos y gallinas, tal vez un caballo o una vaca, algunas cabras y de algún modo usufructuaban un pedazo de terreno. Hoy esta modesta seguridad ha sido reemplazada por una visión de opulencia. Hay más cosas que no pueden obtener. El margen entre lo que tienen y lo que pueden imaginar que podrían tener se ha ensanchado monstruosamente...
> Luego se levantó una muralla tarifaria alrededor de la isla. El azúcar se convirtió en la principal beneficiaria y la caña se extendió por los valles y trepó a las laderas con la celeridad de un incendio forestal. La economía española se había fundado, un poco al azar, en los minifundios. La economía americana, introducida por la Guánica, la Aguirre, la Fajardo y otras grandes centrales, se basaba en los molinos millonarios y el control estrecho de la tierra circundante.
> A estas alturas, el desarrollo de las grandes haciendas absentistas, la rápida restricción de la siembra del café —la cosecha natural del agricultor independiente— y la concentración de la manufactura de cigarros en las manos del consorcio americano se han combinado para hacer de Puerto Rico una tierra de mendigos y millonarios, de estadísticas halagüeñas y realidades alarmantes. Cada día se convierte más y más en una factoría trabajada por peones, disputada por abogados, mandada por industriales absentistas y regentada por políticos. Puerto Rico es hoy el segundo mayor antro de explotación del Tío Samuel (Muñoz Marín 1929).

La bancarrota de la política colonial de los Estados Unidos, se tornó más dramática durante la década de 1930. A través de todo este período el gobierno de Estados Unidos hizo caso omiso de las crecientes demandas de autonomía, o de independencia políticas, lo mismo que las demandas de las reformas sociales y económicas. Por otro lado, las corporaciones azucareras ausentistas expandían sus operaciones, mientras los políticos y gobernantes puertorriqueños luchaban por los pocos privilegios y las posiciones que un sistema colonial proporcionaba a los «nativos». Mientras tanto, la mayoría de la población se esforzaba por sobrevivir en medio de la creciente miseria. Gordon K. Lewis (1963: 144), ha descrito la situación como sigue:

> Crecientemente, empero, a partir de 1937, la administración federal fue cogida en la amenazante tormenta de la Segunda Guerra Mundial y en Puerto Rico tanto como en el continente, los reformadores sociales del Nuevo Trato fueron lentamente reemplazados por la nueva burocracia de expertos en defensa nacional y asuntos internacionales. El gobierno local fue dejado en manos de la alianza de viejo estilo de los políticos profesionales y del gobernador dócil. Nada progresista podía venir de jefes de una maquinaria que eran especialistas en trabajar con el sistema extralegal de intriga y patrocinio mezquino al cual, a falta de un liderazgo popular efectivo, se había reducido el artificio del gobierno colonial; o de un gobernador —en la persona del retirado general Blanton Winship— quien, en las palabras de un crítico puertorriqueño, consideraba a la isla como una gran plantación sureña en que los barones del azúcar eran sus capataces y el pueblo hacía las veces de gente buena o mala al realizar trabajo y aceptar su situación con o sin queja.

Dentro de este contexto, el PPD, organizado en 1938 por un grupo de disidentes del Partido Liberal, adoptó un programa reformista para combatir el enfoque tradicional de la política electoral, el desarrollo de medidas que restringieran el enorme poder de la industria azucarera, y para modificar la estructura económica de la isla. El PPD logró el apoyo de un gran sector de las masas empobrecidas de los trabajadores agrícolas, de algunos sectores de la clase media baja y de los representantes de otros grupos interesados en las reformas, mediante un mensaje de gobierno honesto, reforma agraria y otras innovaciones, unido a un sencillo acercamiento al electorado [2] con promesas de mayor participación de los puertorriqueños en los asuntos de su sociedad. Aún cuando el partido recibió el mayor respaldo de los pobres, su liderato consistía de miembros de los distintos sectores de la sociedad: profesionales, intelectuales, trabajadores urbanos y algunos acaudalados (Steward 1956).

Durante los veintiocho años que el PPD controló el escenario político de Puerto Rico, la sociedad pasó por varias transformaciones (véase Tabla 1). La sociedad agraria, controlada por las

Tabla 1
RESULTADOS DE LAS ELECCIONES EN PUERTO RICO DESDE 1940 HASTA 1968. NUMERO DE VOTOS

Partidos políticos	1940	1944	1948	1952	1956	1960	1964	1968
Socialista	87.841	68.107	64.121	21.655				
Unión Republicana (PER)	134.582	101.779	88.189	85.172	172.838	252.364	284.627	4.057
Unificación Puertorriqueña	130.293							
Agrícola Puro	1.272							
Liberal		38.630	28.203					
Popular Democrático (PPD)	214.857	383.280	392.033	429.064	433.010	457.880	487.280	367.903
Independentista Puertorriqueño (PIP)			66.141	125.734	86.386	24.103	22.201	24.714
Acción Cristiana (PAC)							26.867	
Partido del Pueblo								87.844
Partido Nuevo Progresista (PNP)								390.623
Totales	568.845	591.796	638.687	661.625	692.234	734.347	820.975	875.144

FUENTE: Puerto Rico, Junta Estatal de Elecciones (1968: 287).

corporciones azucareras, gradualmente se transformó en una sociedad industrializada con un nuevo tipo de capitalismo ausentista, que se desarrolló con el patrocinio gubernamental de la Operación Manos a la Obra, la cual atrajo industrias de los Estados Unidos al ofrecer incentivos como exención contributiva, salarios bajos y fuerza obrera no organizada.[3] Se ha desarrollado un sector importante de la clase media. La emigración en gran escala ha contribuido a que una tercera parte de la población puertorriqueña viva en los Estados Unidos (Vázquez Calzada 1963). Las áreas urbanas han alcanzado un crecimiento inmenso, mientras continúa disminuyendo la población de algunos pueblos pequeños y algunas áreas rurales. En las ciudades, los arrabales están en crecimiento constante, a pesar del Programa de Renovación Urbana y la construcción de unidades de viviendas públicas.

Ahora es más aguda la desigualdad en la distribución de ingresos, la cual los *populares* * trataron de cambiar durante sus primeros años de gobierno.[4] El desempleo y la pobreza extrema[5] no han sido abolidos, mientras que nuevos problemas como la adicción a drogas, la contaminación del aire y el agua, así como otras características de una sociedad industrial urbana, en este momento toman parte en el escenario puertorriqueño. El PPD, que comenzó como el defensor de los pobres, y, en 1940, representó la mejor expresión de las tendencias reformistas en esta sociedad, comenzó la década del 60 como un partido conservador, aliado a la nueva clase industrial, a las corporaciones ausentistas, que estaban derivando grandes beneficios, y con una creciente enajenación de los sectores más pobres de la sociedad. Varios científicos sociales en Puerto Rico han investigado las razones que provocaron el cambio del PPD, de un partido de enfoque reformista y anticolonialista a un movimiento conservador, que defiende la conservación de los fuertes lazos con Estados Unidos y los privilegios de los inversionistas norteamericanos.

Nieves Falcón (1965) examina ocho razones, que explican la transformación de la posición ideológica del PPD. Da mayor énfasis al hecho de que el partido fue controlado por los burócratas y tecnócratas, conjuntamente con el creciente conservadurismo del liderato superior. El autor no explica por qué los líderes se convirtieron en conservadores, no considera la posibilidad de que no estuvieran completamente a favor de cambios estructurales fundamentales en la sociedad puertorriqueña. Anderson (1965), Lewis (1963) y Maldonado Denis (1969), dan también mayor énfasis al impacto que tienen los líderes prominentes en los cambios ideológicos. Examinan los cambios políticos en términos del concepto de «personalismo», el cual afirma que la ideología de los movimientos políticos se explica de acuerdo con las personas que tienen mayor poder en los movimientos. El impacto del «personalismo» en el análisis de los cambios políticos de Puerto Rico, y su resultado concomitante de recalcar más el papel desempeñado por los individuos (en este caso, las principales figuras políticas) que la dinámica de los procesos políticos, ha impedido la formulación de explicaciones más adecuadas para las tendencias conservadoras, manifestadas por el liderato del PPD durante la última década. Un análisis completo y profundo debería incluir los factores económicos y socio-culturales de este período, y su relación con la ideología política. Este tipo de análisis se necesita con urgencia.[6] No se ha dado suficiente énfasis a la composición social del liderato y de los partidarios del PPD, ni los procedimientos que éstos siguen para obtener respaldo político, especialmente de los sectores pobres de la sociedad.

En 1940 el PPD era una coalición de varias fuerzas existentes en la sociedad puertorriqueña. Aunque una parte considerable del liderato importante se componía de defensores de la independencia política, el partido contaba también con un grupo reformista que, a pesar de no estar a favor de la independencia, se inclinaba más a obtener un poco de autonomía política dentro del marco político y de las instituciones económicas norteamericanas. Otro grupo se interesaba más por ampliar las bases de poder, y por su acceso a posiciones administrativas y al proceso de tomar decisiones. Para lograr esto último, tuvieron que luchar en contra de las corporaciones azucareras y sus socios puertorriqueños, quienes controlaban la política y la economía. Los tres grupos que, por distintas razones, estaban a favor de las reformas en el sistema colonial, con el respaldo de los campesinos pobres y de los trabajadores agrícolas, entraron en una coalición bajo el estandarte de «Pan, Tierra y Libertad», y el liderato del político carismático Muñoz Marín. La maquinaria electoral, desarrollada por el PPD, y la mística reformista que adquirió el partido, le permitieron controlar la política de Puerto Rico como sistema de un partido o «democracia dirigida», durante veintiocho años.

Por muchos años los trabajadores agrícolas empobrecidos y los pobres que estaban estableciéndose en la zona urbana, fueron los principales partidarios del PPD. Mediante el patronazgo político y una fuerte organización, el partido pudo mantener su poder entre los grupos de ingresos bajos, a la vez que incorporaba grandes sectores de la nueva clase media urbana. Aunque el *Partido Independentista Puertorriqueño** (PIP), constituyó una pequeña oposición, y proporcionó algunas alternativas electorales frente a los *populares** durante 1948-1952, el enorme poder político del PPD, y la inhabilidad del PIP y del *Partido Estadista Republicano** (PER) para conseguir un respaldo significativo de los pobres de las zonas urbana y rural, hicieron que la oposición de estos dos partidos resultara inefectiva. Sin embargo, después de las elecciones de 1956, disminuyó el poder electoral del PIP. Por tal razón, el PER se convirtió en el único partido capaz de conseguir algún respaldo de los *populares** desilusionados y de la gente que se oponía a la política gubernamental desarrollada por el PPD.

La constitución del Estado Libre Asociado exige que se celebren elecciones generales cada cuatro años para elegir los candidatos a los cargos públicos. Todos los ciudadanos norteamericanos residentes en Puerto Rico, tienen derecho a votar, siempre que tengan 18 años o más y estén debidamente inscritos. (El voto a los 18 años de edad se aprobó en un referendum en 1971.) El gobernador, el comisionado residente en Washington, todos los miembros de la legislatura insular, los alcaldes de los distintos municipios y los miembros de las asambleas municipales, son electos mediante el voto público directo.[7]

El PPD controló el gobierno de Puerto Rico desde 1944 hasta 1968. Se elegía siempre a sus candidatos para los dos cargos más importantes —el gobernador y el comisionado residente— y el partido controlaba la legislatura insular, así como las asambleas municipales. Los resultados de las elecciones durante veinte años no fueron ninguna sorpresa, y un candidato del PPD estaba seguro de su cargo desde el momento en que colocaban su nombre en la papeleta. Algunos incidentes aliviaron, ocasionalmente, la monotonía de una campaña electoral en la que los resultados se sabían antes del día de las elecciones. Entre éstos figuran la participación de la Iglesia Católica en las elecciones de 1960; la inesperada renuncia de Muñoz Marín a la candidatura a la gobernación, en 1964, y la campaña de éste a favor de su ex ayudante Roberto Vilella, en un intento de institucionalizar la transferencia de poder dentro del partido y la sucesión a los cargos electivos más altos.

Después de 1960, un grupo de *populares* * jóvenes promovió cambios dentro del partido, con el fin de dar mayor importancia a la conservación de cierto tipo de autonomía para Puerto Rico, y a una forma de gobierno más liberal. De este modo el partido sería más atractivo para la juventud y los pobres, sin alterar de manera significativa las relaciones económicas y políticas con los Estados Unidos. En las elecciones de 1964, el nuevo gobernador del PPD —Sánchez Vilella— y un grupo de liberales jóvenes que lo rodeaba, trataron de introducir nuevas tendencias en el partido y, como resultado, se encontraron en pugna con el antiguo liderato. Mientras el PER crecía continuamente, el PIP decrecía; y unos grupos más radicales como el *Movimiento Pro Independencia* * (MPI), tomaron la vanguardia del movimiento para la liberación de Puerto Rico.

El PPD organizó un plebiscito en 1967, con el propósito de evitar las críticas al estado colonial de Puerto Rico, y para desarrollar el concepto de Estado Libre Asociado. El PPD creyó que el plebiscito sobre la posición política, determinaría en definitiva el estado futuro de Puerto Rico. Para mucha gente era sólo otra elección más, pero proporcionaba una medida para determinar el poder de las fuerzas anti-PPD y pro-estadidad. Las diferentes organizaciones pro-independencia y el PER[7] boicotearon el plebiscito, pero un grupo dentro del PER bajo la dirección de Luis Ferré —un industrial millonario— se presentó en el plebiscito con el nombre de *Estadistas Unidos.* * Estos disidentes atrajeron a la gente que, a pesar de estar a favor de la anexión, estaba disgustada con los *republicanos* * debido a su enfoque más tradicional. Aunque el Estado Libre Asociado obtuvo una mayoría de votos en el plebiscito de 1967, los *Esta-*

distas Unidos * llegaron segundos. La organización del plebiscito proporcionó la oportunidad para desarrollar el marco del *Partido Nuevo Progresista** (PNP).

ESTO TIENE QUE CAMBIAR* — LAS ELECCIONES DE 1968

El año electoral de 1968 comenzó con marcados cambios en el campo de batalla político: existían conflictos en la estructura monolítica del PPD; Luis Ferré, después de haber roto su larga asociación política con el PER, organizó un nuevo partido —el *Partido Nuevo Progresista** (PNP) y asumió el liderato del movimiento pro-estadidad en Puerto Rico.

Las nuevas tendencias en la política tradicional de los *populares,** se hicieron más evidentes en el comienzo del nuevo año electoral. Aunque el PPD siempre tenía un aspirante para la candidatura de gobernador, durante los primeros meses de 1968 se rumoraba que en el partido no habían resuelto la lucha por esa candidatura, y se mencionaron tres posibles candidatos: el senador Negrón López, el comisionado residente Polanco Abreu y el gobernador Sánchez Vilella. En 1967, los seguidores de Negrón López habían organizado un grupo, con el nombre de *Jíbaros de Negrón,** que trabajaban por su candidatura al puesto. Por otro lado, los seguidores de Polanco Abreu organizaron otro movimiento, con el nombre de *Gallitos de Chaguín,** para trabajar por su candidatura. En marzo de 1968, Sánchez Vilella anunció su candidatura a la gobernación en la papeleta del PPD, y solicitó primarias. Los líderes del partido se negaron a celebrar primarias para elegir al candidato a la gobernación, y Sánchez Vilella argumentó que temían a su poder y al respaldo con que contaba entre el electorado de los populares. Sin duda alguna, Sánchez Vilella estaba adquiriendo cierta popularidad; se identificaba con las reformas y con los miembros más jóvenes del partido, y estaba en contra de la estructura rígida del partido, que restringía la participación de los miembros del partido en las decisiones principales. Los tres candidatos dedicaron sus esfuerzos a obtener suficiente respaldo de los *populares*,* desde que Sánchez Vilella anunció su candidatura hasta que se celebró la convención del partido en el 22 de julio del mismo año. Mientras Negrón López invirtió la mayor parte del tiempo en reuniones con los líderes del partido, y en la promoción de su poder en la organización, Sánchez Vilella llevó su campaña a la gente más abiertamente, en parte porque tenía acceso limitado al núcleo de la matrícula del partido y, quizás, dependía más de su posición como gobernador, que le permitía mayor exposición en público.

Las convenciones de los distintos partidos políticos, en Puerto Rico, se celebran algunos meses antes de las elecciones. Se escoge a los delegados entre los inscriptos del partido en cada municipio. Las normas del PPD disponen que se escoja a un delegado por cada 500 votos o fracción obtenidos en cada barrio rural y en cada zona urbana. La selección de los delegados se lleva a cabo mediante voto directo en los comités y sub-comités de cada precinto electoral. En 1968, la división del PPD en tres grupos, cada uno con un candidato para la gobernación, contribuyó a la creación de mayores tensiones en un partido que no estaba acostumbrado al desafío abierto para alcanzar el cargo electivo más importante. Negrón López y sus partidarios estuvieron trabajando en silencio dentro de los comités, por toda la isla, para asegurar el respaldo de la mayor parte de los delegados a la convención. Aunque Muñoz Marín no declaró nunca cual era su candidato preferido, respaldaba también a Negrón López, y utilizaba su poder y prestigio en el partido para conseguir que éste contara con el apoyo de un gran número de delegados.

Sánchez Vilella y sus seguidores acusaron a la maquinaria del partido, controlada por Muñoz Marín y Negrón López, como un impedimento a la libre participación de los populares en el proceso de tomar decisiones dentro del partido. La acusación principal era que las reuniones se organizaban de antemano para elegir a los candidatos pro-Negrón López, no se daba publicidad a las mismas y, en muchas ocasiones, sólo se invitaba a los funcionarios de cada comité. Aunque es práctica común en Puerto Rico organizar las reuniones y asambleas de antemano para obtener los resultados deseados, los partidarios de Sánchez Vilella repetidamente denunciaron la selección de los delegados a la convención de los populares de 1968; y la crítica abierta a los procedimientos hizo pública la falta de prácticas democráticas verdaderas en el PPD.

La prensa difundió las acusaciones de los miembros del partido, que estaban insatisfechos con las reuniones para la elección de los delegados. Los precintos de San Juan, controlados por la alcaldesa y poderosa cacique del partido, Felisa Rincón, con excepción de un voto, votaron sin vacilar por Negrón López. El reportaje periodístico del único delegado de Sánchez Vilella, da una buena idea de la organización de la convención y del sentir de muchos miembros del partido, quienes consideraban que eran aplastados por la maquinaria.

Ni las amenazas, ni los insultos, ni las pullas, ni siquiera un intento de suprimir su escaño de delegado, pudieron evitar que Miguel Angel Ríos Matta cumpliera su cometido señalado para el domingo, de dar el único voto de San Juan al gobernador Sánchez Vilella en la convención de las nominaciones del Partido Popular Democrático.

El delegado único, hombre joven y comedido, dijo la noche del martes que lo hizo por sentir que era su deber dar su voto al hombre «por quien la gente quería que votara».

Ríos Matta, quien vive en la urbanización de Country Club, advirtió que fue principalmente su curiosidad la responsable de que lo escogieran como delegado para la convención.

«Me interesaba ver cómo se elige a los delegados para la convención, así que fui a una reunión de un comité de barrio. En la reunión noté que la mayor parte de los miembros eran pro-Sánchez, y no querían tomar parte en la convención.»

Ríos Matta dijo que muchos de los miembros del comité le dijeron que habían sido «amenazados» por «nuestra maravillosa alcaldesa», Felisa Rincón de Gautier. Le dijeron a los miembros, según Ríos Matta: «O votan por Negrón López o de lo contrario...»

Ríos Matta dijo que muchos de los miembros del comité de barrio ocupaban puestos en el gobierno, y que «de lo contrario» implicaba la pérdida de los mismos.

Luego de presenciar lo que ocurría, Ríos Matta, quien prefirió no decir donde está empleado, dijo a los miembros que iría a la convención como delegado.

Poco después supo que la alcaldesa se había enterado sobre su decisión de votar por Sánchez Vilella, y había decidido «eliminarlo» como delegado. Dijo Ríos Matta que, finalmente, fue necesario buscar su invitación para la convención en la oficina del gobernador.

El domingo, mientras entraba al Hiram Bithorn con un sombrero que tenía escrito «Roberto para Gobernador», un funcionario de la convención lo detuvo y exigió saber: «¿Cómo entró aquí?» Según Ríos Matta el funcionario añadió: «Yo creía que tenía todo arreglado.»

Ríos Matta dijo que fue a sentarse en medio de «la escogida delegación de Doña Felisa». Cuando llegó el momento de dar su voto, otro funcionario del PPD le dijo: «Se supone que usted vote por Negrón.» Pero el único delegado dio su voto al gobernador Sánchez.

Ríos Matta llamó la convención «una bofetada a todos los puertorriqueños». Dijo que, probablemente, pasará a la historia «como una broma pesada» (San Juan Star 1968 a).

La convención del PPD tuvo lugar el 21 de julio en el estadio más grande de San Juan. Por primera vez en la historia de los partidos políticos en Puerto Rico, se limitó la entrada a las personas que tenían boletos emitidos por el comité central del partido. Cada candidato recibió 500 boletos para distribuirlos entre sus simpatizantes; una cerca separaba a los delegados de los observadores. Aún cuando se sabía que Negrón López habría de ser electo como candidato para la gobernación, la lucha abierta en el PPD era un espectáculo extraordinario y había gran demanda de boletos para entrar al estadio. El partido no permitió que las estaciones de televisión transmitieran directamente desde el estadio, pero no hubo restricciones a la presencia de los fotógrafos y periodistas. El estadio estaba atestado con los partidarios de Negrón López, tanto en el área de los delegados como en la de los observadores. El momento más dramático fue cuando Sánchez Vilella tomó los micrófonos y comenzó su discurso. La mayoría de los presentes estaba en su contra y no querían que hablara, pero el presidente de la convención le permitió continuar. Sánchez Vilella pronunció un enérgico discurso acerca de las responsabilidades del liderato político, y dirigió un ataque a la maquinaria del partido. Sánchez Vilella obtuvo 98 votos, Polanco Abreu 455 y Negrón López 1.072. Polanco Abreu fue nominado para el puesto de Comisionado Residente en Washington, y los delegados votaron por los senadores y representantes por acumulación. Sánchez Vilella dejó la convención para encontrarse fuera del estadio con un grupo de sus partidarios que lo acompañaron hasta la residencia del gobernador, donde una gran multitud de varios miles estaba reunida para demostrar su solidaridad. Sánchez Vilella no fue expulsado, pero se le excluyó de la organización del partido.

El 3 de agosto, once días después de la convención del PPD, Sánchez Vilella anunció que asumía el liderato del *Partido del Pueblo* * (PP); un partido inscrito anteriormente por varias personas que estaban a favor de la ideología de la estadidad. A Sánchez Vilella lo acusaron de haber «comprado» el partido, pero él sostuvo que se lo habían transferido y que tanto él como sus seguidores pagarían las deudas del mismo. Esta era la única alternativa que le quedaba para postularse a la gobernación, ya que en Puerto Rico, donde el electorado está acostumbrado a emitir su voto con una sola cruz, no hay posibilidad de una campaña en la cual se vote por un candidato que no aparezca en la papeleta. Muchos miembros del gabinete de Sánchez Vilella, siguieron a éste hacia el nuevo partido político. Los populares respondieron con enojo a la situación de que el gobernador, electo con el respaldo de su partido, se convirtiera en el principal líder de un partido de oposición, mientras desempeñaba su cargo. El Partido del Pueblo se organizó en toda la isla en el término de dos semanas. Sánchez Vilella estaba en la cumbre de su popularidad cuando se organizaron los comités en cada precinto, y se eligió a los candidatos para las alcaldías, las asambleas municipales y los puestos legislativos. El 25 de agosto, veintidós días después de tomar el control del partido, se llevó a cabo una convención en otro estadio de San Juan. Según se esperaba, Sánchez Vilella fue electo candidato a la gobernación. Los organizadores de la convención del PP, trataron de celebrar una reunión abierta y democrática, pero tuvieron cuidado de evitar la nominación de candidatos a puestos legislativos, que estuvieran identificados con los grupos de independencia. Existían dos razones para esta actitud: calmar a los críticos que acusaban a Sánchez Vilella y al PP de inclinarse hacia la posición de independencia, y mantener un control estrecho de la organización del partido entre los partidarios leales de Sánchez Vilella.

Mientras tanto, el PNP reclamaba el uso de la palma de coco como su símbolo para la papeleta electoral. Los Estadistas Unidos habían utilizado el símbolo de la palma real en la campaña de plebiscito, y varios sectores del PPD se oponían a que el PNP usara la palma de coco. No resulta clara la razón por la cual el PPD se oponía al uso de la misma. Pero el símbolo es muy atractivo para los puertorriqueños, y la palma está tan identificada con las tradiciones de la isla, que el símbolo en sí podía atraer votos, al margen de la plataforma del partido. El 22 de julio, la Junta Electoral decidió en contra de que el PNP utilizara este símbolo; el caso se llevó ante el Tribunal Supremo de Puerto Rico, donde se revocó dicha decisión.

Otra fuente de conflicto para el PPD fueron las primarias, en las cuales se elige los candidatos a alcaldes y a escaños legislativos cuando hay más de uno para cada cargo, con excepción de los candidatos por acumulación. Las primarias comenzaron otra controversia en el partido cuando los candidatos derrotados de algunos municipios y distritos electorales cuestionaron los resultados, y exigieron un recuento de los votos. Durante varios días los resultados no se dieron a la publicidad, y la Junta Electoral y el PPD fueron acusados de retenerlos. En algunas áreas, los candidatos derrotados y sus seguidores abandonaron el partido, otros no participaron en la campaña. El clima de insatisfacción por los resultados de las primarias se resume en la información dada por un periódico:

> Sectores de descontento comenzaron a brotar el miércoles dentro del Partido Popular Democrático, como resultado de las elecciones primarias para las nominaciones legislativas, que tuvieron lugar el domingo.
>
> El descontento se extendió desde promesas de protesta a la jerarquía del PPD hasta amenazas de deserción hacia el Partido del Pueblo, reorganizado por el gobernador Sánchez Vilella (San Juan Star 1968 b).

El período de campaña pre-electoral en el 1968, que comenzó con la inscripción del PNP y terminó con las primarias que celebró el PPD, se caracterizó por dos tendencias principales. La primera: el reto a los que tenían el poder dentro del PPD, y el deseo de mayor participación en las decisiones del partido; y el deseo de renovar la imagen del partido para hacerlo más atractivo al electorado, que estaba cansado del continuismo y de las promesas incumplidas. La segunda: la búsqueda de otro partido que pudiera retar a la poderosa organización del PPD, y su total control del gobierno.

Las divisiones dentro del partido se acentuaron debido a la incapacidad de los miembros más influyentes y poderosos del PPD para crear los mecanismos institucionalizados, necesarios para el traslado de poder a otros grupos y personas dentro del partido; y también debido a que confiaban en tener suficiente respaldo del electorado como se había demostrado en las elecciones anteriores. El hecho de que un grupo disidente del partido se uniera al PP, y que el mismo contara con los líderes jóvenes y reformistas contribuyó a hacer más notable la segunda tendencia, que era la necesidad de otro partido para contrapesar el poder del PPD y su jerarquía de poder. Como resultado se reforzó la imagen del PPD como un instrumento político anticuado y conservador, incapaz de adaptarse a las condiciones de cambio y a las nuevas exigencias. Muchos puertorriqueños, incluso populares que, por lo demás, eran partidarios activos del partido, aceptaron fácilmente la imagen de Negrón López como el candidato impuesto por la maquinaria del partido. El modo en que los principales líderes del PPD manejaron el conflicto de poder, contribuyó al nacimiento de sentimientos de descontento y apatía en un sector de sus simpatizantes, e hizo más fácil la tarea de los partidos de oposición, que se esforzaban por desacreditar a Negrón López y al PPD.

Los conflictos en el PPD; la importancia de la campaña de Sánchez Vilella; y los resultados de las primarias, combinados con el impacto del PNP como un partido nuevo y dinámico, establecieron los temas principales de la campaña electoral: la importancia de la participación de los ciudadanos y la necesidad de un cambio. La popularidad del lema utilizado por el PNP (*Esto tiene que cambiar*)* y el del PP (*Que el pueblo decida*),* se correlacionan con la dinámica social creada por el período de pre-campaña concentrado en el PPD, y las acciones de su liderato. Aunque el cambio y la participación eran los temas que dominaban el período de campaña, el PPD y el PER no estaban en armonía con las nuevas tendencias.

Cuando Ferré organizó el PNP, arrastró un gran sector del liderato del PER, la mayor parte de los simpatizantes de la estadidad y un grupo dispuesto a votar por cualquier partido, que pudiera realizar algunas reformas en las áreas donde había fallado el PPD. Los republicanos tradicionales siempre habían recalcado la importancia de la estadidad como tema principal de toda campaña, pero en 1968, la falta de partidarios y la competencia de otro partido pro-estadidad, hicieron que su campaña fuera aburrida e inefectiva. Por otra parte, el PNP con la ayuda de una agencia de publicidad desarrolló una campaña efectiva, además de una buena organización de comités y subcomités a través de toda la isla. El mensaje fue sencillo: enfatizó los problemas principales de los cuales se topaban los puertorriqueños, y prometió algo para cada grupo e individuo en la sociedad. Había lugar para el industrial acaudalado, el agricultor pobre, el servidor público y el obrero desempleado. Para atraer al mayor número de votantes, Ferré dejó a un lado la búsqueda de la estadidad como el énfasis principal de la campaña, y se concentró en los problemas concretos. La campaña insistió en la necesidad de un cambio para combatir la adición a drogas, el crimen, el desempleo, la pobreza, de proveer buenos servicios médicos, vivienda adecuada, mejores salarios y en otras promesas. Al mismo tiempo se desarrolló el concepto de *estadidad jíbara*.* Tal concepto, según lo definió Ferré en varias ocasiones, significa la conservación de la identidad cultural de Puerto Rico, y la integración de la isla al sistema federal como el estado 51 de la Unión. Este concepto ofrecía la alternativa y la supuesta ventaja de la estadidad, con la preservación de la cultura puertorriqueña y del español como lengua oficial de la isla. La estadidad jíbara se definió en la campaña, y se anunció el compromiso del partido para el logro de la estadidad; sin embargo, los líderes del PNP expusieron con bastante claridad que un voto por ellos no era, necesariamente, un voto por la estadidad. Votar por ellos implicaba cambio y progreso; votar en contra de la corrupción del gobierno controlado por el PPD. La palma se mostró en la campaña del partido como el símbolo del progreso y de la reforma.

Ferré y los líderes principales del partido, se presentaron públicamente en diferentes pueblos y *barrios*.* Mientras ellos hablaban en mítines por toda la isla, en las *plazas** y en las esquinas, los agentes de publicidad del partido concentraban sus esfuerzos en la televisión. Ferré apareció por televisión en varias ocasiones para pronunciar discursos preparados de antemano. Durante los meses de campaña, se transmitieron breves anuncios a intervalos regulares en los cuales se presentaba Ferré como la persona que habría de resolver los problemas que enfrentaban todos los puertorriqueños. El enfoque era presentarlo mientras analizaba diferentes problemas; mencionaba la necesidad de un cambio; y terminaba su presentación, golpeando sobre una mesa con el puño cerrado, mientras decía: «Así lo haré». Se dedicaban páginas enteras de los periódicos a exponer la propaganda del PNP, y a mostrar las estadísticas respecto de los diferentes problemas sociales, y la solución presentada por el partido. Se distribuyeron hojas sueltas por todas partes, mientras las canciones populares de la campaña se tocaban en todo Puerto Rico, desde la oficina del partido y automóviles equipados con altoparlantes. Los líderes del PNP concentraron sus ataques alrededor del PPD, en un intento de seducir a sus partidarios con promesas de reformas sociales y económicas, las cuales no alterarían por el momento las relaciones políticas con los Estados Unidos, según lo establecido por el concepto de Estado Libre Asociado. A medida que la campaña se desarrolló hasta su período de mayor actividad, para mediados de octubre de 1968, era evidente que el PNP constituía el principal partido de oposición. El entusiasmo que la gente sentía por Ferré y la propaganda arrolladora del partido, demostraban que el PNP estaba adquiriendo respaldo adicional; aunque en ese momento, e incluso cuando se transmitieron los primeros resultados de las elecciones, pocas personas consideraban la posibilidad de que el PNP sería el vencedor.

Sánchez Vilella y el liderato del Partido del Pueblo, concentraron también su campaña en acusaciones al PPD como un partido opuesto a la participación de los ciudadanos e incapaz de establecer un verdadero programa gubernamental para hacer frente a los problemas de una sociedad moderna. Sánchez Vilella se esforzó en presentarse como un liberal genuino, que seguía los principios originales formulados por el PPD en 1940, y en sostener que su partido era el depositario de las buenas prácticas democráticas en Puerto Rico. Aunque había alcanzado un máximo después de haberse unido al Partido del Pueblo, y durante la convención del partido, su popularidad comenzó a disminuir hacia finales de septiembre.⁸ ¿Cuáles fueron las razones que hicieron decaer al PP? Parece que el partido dedicó demasiado esfuerzo a presentar a Sánchez Vilella como la víctima de la «maquinaria» del PPD. A fines de la campaña, él aún estaba pronunciando discursos acerca del comportamiento autoritario de la convención del PPD celebrada en julio; tema que, pocas semanas después de la misma, había dejado de interesar a muchos votantes. Por otra parte, nunca se aclaró lo que tenía por ofrecer el partido. Su campaña no pudo igualar el mensaje directo y enérgico de la del PNP. Los seguidores del gobernador Sánchez Vilella se manifestaron como una facción liberal del PPD, interesada por las reformas sociales y el desarrollo de una sociedad democrática, orientada hacia la culminación del Estado Libre Asociado;⁹ y con una actitud cautelosa para que no se les llamara *independentistas*.* Sánchez Vilella excluyó de su campaña el enfoque de prometer algo a cada grupo, posición que resultaba congruente con la concepción de su partido: movimiento interesado por la educación política del electorado de Puerto Rico.¹⁰

El PPD desarrolló una campaña basada en discursos y mensajes a través de la televisión, en hojas sueltas, y en contacto directo con las personas en innumerables mítines en diferentes partes de la isla. Muñoz Marín, confió en su popularidad y prestigio pasados para transmitir el mensaje del partido, y obtener el respaldo electoral necesario para Negrón López. La imagen de este último como candidato a la gobernación, fue afectada por la campaña desarrollada por los partidos de oposición, campaña que lo presentaba como una marioneta de Muñoz, y como un candidato torpe e ineficiente. Al mismo tiempo, era el tema de una campaña difamatoria, que lo asociaba con varias actividades ilegales; la acusación principal fue la de ser un *bolitero*.* Dicha campaña en contra de Negrón López no era un planteamiento oficial de los partidos de oposición, pero era parte de su dinámica, ya que la gente hablaba al respecto y en muchos mítines los asistentes lo llamaron públicamente *bolitero*.* ¹¹

El PPD recalcó su programa gubernamental de 28 años de duración, la experiencia de sus líderes en muchas posiciones del gobierno y legislativas, y todos los cambios que habían conseguido para Puerto Rico; mientras atacaba al PNP por ser los antiguos republicanos que habían controlado el gobierno antes de 1940. El lema principal del PPD fue *Esto tiene que seguir.** Este lema de campaña fue poco feliz para un partido al cual se acusaba constantemente de negligencia en el cumplimiento de las promesas que había hecho al electorado en las campañas anteriores.

El Partido Independentista Puertorriqueño, inscrito por segunda vez mediante petición, era el único partido que atacaba el sistema colonial como la causa principal de muchos de los problemas que enfrentaba la sociedad. Sus líderes esperaban obtener suficientes votos para mantenerlo como partido inscrito, a pesar de ser un partido minoritario de pocos recursos económicos, sin una organización eficiente y sin siquiera una remota posibilidad de obtener suficiente respaldo político para hacer impacto en las pautas gubernamentales. No habían desarrollado un programa de reformas sociales y económicas que fuera atractivo para los que no estaban a favor de la ideología de independencia política. Los líderes del partido de independencia no trataron de vender tal programa; sin embargo, intentaron explicar las consecuencias económicas de la situación colonial de Puerto Rico, y la importancia de transferir a los puertorriqueños el control que el Congreso de Estados Unidos tiene sobre la isla. El partido se enfrentó con la contradicción de oponerse al régimen colonial, al mismo tiempo que participaba en elecciones coloniales. Además, se oponía al enfoque tradicional de la política electoral en la sociedad, y no era posible llevar a cabo una campaña que siguiera las mismas líneas de otros partidos, que no cuestionaban el sistema político y económico existente. El partido siempre había enfocado la política sobre una estricta base electoral, mediante la movilización de sus escasos recursos humanos en cada período de campaña. Los militantes del partido dedicaron sus principales esfuerzos a vender la imagen del candidato a la gobernación como un competente y liberal profesor de economía a quien se podía confiar la defensa de la democracia y de las buenas tradiciones de la sociedad puertorriqueña. El partido nunca trató de contestar a las preguntas que le hacían las personas por la calle respecto del propósito de la independencia. Según admitió el nuevo presidente del partido más tarde, un voto por el PIP en 1968 no constituía la alternativa para los puertorriqueños que padecían de privación social y económica.[12]

Una tendencia significativa de las elecciones de 1968, fue el impacto que tuvo la televisión durante la campaña. Ramos (1970) ha analizado cómo la televisión desempeñó un papel clave para convencer a los votantes a que respaldaran al PNP. Otra tendencia fue la necesidad de un cambio. Mucha gente quería un cambio en el gobierno porque el PPD no había sido capaz de resolver los viejos problemas de pobreza, desempleo, vivienda y servicios inadecuados, cuando estaban surgiendo nuevos problemas como resultado de los procesos de urbanización e industrialización, acelerados por los populares. Durante la campaña y en muchas partes de Puerto Rico, las manifestaciones hostiles en contra del liderato del PPD, que forzaron a la policía a intervenir y ofrecer protección efectiva al alto liderato del partido, demostraron el rechazo por parte de grupos importantes hacia un partido y un liderato que, en años anteriores, fue muy elogiado y respetado. Cuando el PPD no cumplió lo que había prometido por muchos años, parte del electorado reaccionó de modo hostil contra el antiguo liderato; y así, el partido fue atrapado por su propia contradicción. Ferré y el liderato del PNP, quienes prometían hacer lo que los populares no pudieron cumplir, estaban utilizando el viejo truco de campaña del PPD de ofrecer algo para cada uno. Era irónico que Ferré, el industrial millonario, pudiera acusar al PPD de ser un partido a favor de las grandes corporaciones, y presentarse como el candidato de los humildes y de los oprimidos, como un mesías tropical que conduciría a su gente hacia una «nueva vida».

Contrariamente a lo que ha expresado la prensa y a las opiniones de los observadores de la sociedad puertorriqueña, quienes consideran que el logro de poder político del PNP representa un cambio significativo en el clima político de esta sociedad, estimo que la nueva administración y las pautas desarrolladas por el PNP, demuestran la continuación de las tendencias del régimen de los populares durante los últimos quince años.[13] La aceptación del Estado Libre Asociado y el aplazamiento de la cuestión del «status» para un futuro plebiscito, parece una reminiscencia de la campaña del PPD de los años cuarenta. Durante la campaña el enfoque del alto liderato del PNP no era diferente al que previamente habían utilizado los populares. El primero tenía la ventaja de poder presentarse ante el pueblo como un nuevo liderato, con un partido y unos enfoques nuevos, comprometido a cambiar las condiciones a las que no pudo hacer frente el PPD. La campaña sofisticada y costosa del PNP tuvo también algún impacto. La campaña explotó la cuestión que era una realidad para la mayoría de la gente especialmente en las áreas urbanas donde el PNP obtuvo un sólido respaldo.

Ambos partidos aceptan el sistema social, económico y político de Puerto Rico según está establecido; y aunque los dos hablan sobre las posibles soluciones al problema del «status», su interés principal reside en obtener y mantener el poder. Sin embargo, el PPD está en contra de la estadidad, y considera que el «status» del E.L.A. es la única alternativa, mientras el PNP está claramente a favor de la estadidad. La nueva administración controlada por el PNP siguió los mismos patrones que había desarrollado el PPD durante los años sesenta. Con excepción de los partidos y movimientos anticolonialistas, los partidos políticos en Puerto Rico se interesan más por la adquisición de poder y el control del gobierno que por resolver los problemas, que enfrenta una sociedad con varias contradicciones estructurales. Los líderes de esos partidos no están solos en cuanto a esta orientación. La mayor parte de los puertorriqueños establece una dicotomía entre la vida diaria y el «statuts» colonial de la isla; y un sector importante de la población ni siquiera tiene conciencia de la situación colonial y sus implicaciones. Sólo una minoría reconoce que el colonialismo y el conjunto de valores y actitudes desarrollados en él, influyen muchos aspectos de la vida puertorriqueña. Muchos problemas, tales como la pobreza, no se pueden resolver sin profundos cambios estructurales, para los cuales la independencia es un prerrequisito; sin embargo, mucha gente no se da cuenta de esta situación. Estas personas se han socializado políticamente en un sistema, que creó muchas dicotomías e impidió que el pueblo tomara conciencia de la relación existente entre los aspectos políticos, económicos y culturales del colonialismo, y muchos aspectos de la vida diaria en esta sociedad. Parte de la responsabilidad para esta falta de conciencia respecto de la relación existente entre el colonialismo y los problemas sociales, ha de atribuirse a los líderes independentistas tradicionales, los cuales nunca aclararon que la independencia *per se* no es la solución a la pobreza, el desempleo, etc. En el pasado el estricto enfoque constitucionalista y romántico hacia la independencia por parte de algunos seguidores de esta particular ideología los separó de las masas, a las que nunca se dijo que la independencia sólo es un paso en la transformación de la sociedad. Mientras los independentistas tradicionales [14] han olvidado que la independencia no es un fin en sí misma, los partidarios de la estadidad han utilizado constantemente el enfoque de la estadidad como el medio de lograr seguridad económica para todos. Para estos últimos, convertirse en estado es el medio de adquirir beneficios materiales.

Los resultados de las elecciones de 1968 no fueron tan sorprendentes como han afirmado algunos. Aunque la prensa y las revistas han recalcado que se efectuó un verdadero cambio porque el liderato pro-estadidad obtuvo poder político en Puerto Rico por medio de una plataforma de ley y orden, considero que existe suficiente evidencia en la dinámica y los temas de la campaña, y en las acciones del nuevo gobierno desde enero de 1968 hasta el momento de este trabajo (1972), para apoyar mi posición de que la actual situación es la continuación de tendencias que se han estado desarrollando por más de diez años. El nuevo liderato político y los administradores gubernamentales se interesan más por los privilegios adquiridos mediante el acceso al poder que por confrontar situaciones, que podrían poner en peligro sus privilegios.

Se espera que esta breve reseña de las actuales tendencias en la política de Puerto Rico, en especial durante las elecciones de 1968, ayudará al lector a comprender la situación insular y su relación con la política en los arrabales, según se examina en el resto de este trabajo. El capítulo siguiente proporciona un análisis de las condiciones socioeconómicas y de la marginalidad de los habitantes de los arrabales de Cataño, necesario para entender su comportamiento político.

III. LOS ARRABALES Y CASERÍOS DE CATAÑO

FORMACIÓN Y DESARROLLO

Los arrabales de Cataño se desarrollaron a partir de 1930. El estancamiento económico de las zonas rurales de Puerto Rico y el desarrollo de centros industriales en las áreas urbanas, forzaron a muchos trabajadores agrícolas a abandonar su modo de vida tradicional y mudarse a las ciudades en busca de empleos y mejores condiciones de vida (Caplow, Stryker y Wallace 1964). La ola de emigración a las ciudades aumentó durante los años cuarenta y cincuenta, junto con una emigración de gran escala a los Estados Unidos.[1]

Los resultados de las entrevistas[2] demuestran el trasfondo rural de la mayoría de los habitantes de los arrabales y caseríos de Cataño. En la muestra de 157 adultos se encontró que el 63,6 por ciento había nacido en áreas rurales, comparado con el 31,9 por ciento nacido en las áreas urbanas. Cuando dejaron el lugar de nacimiento, un 75,8 por ciento de ellos se mudó a un área urbana. Sesenta y nueve personas se mudaron de su lugar de nacimiento a Cataño; sesenta a los arrabales y los otros nueve a la parte central del pueblo, y más adelante a los arrabales. La Tabla 2 muestra el lugar de nacimiento de los adultos de nuestra muestra. Hallamos representación para cuarenta y cinco de los setenta y siete municipios de Puerto Rico. La mayoría (91,9 por ciento) proviene de las zonas norte y central de la isla. La tradicional zona azucarera de la costa norte es la que está mejor representada en la muestra con un 35,0 por ciento, mientras un 12,4 por ciento proviene del área cafetalera, un 28,0 por ciento del área tabacalera y del cultivo de frutos menores en el centro de Puerto Rico.

La Tabla 3 muestra la duración de residencia en Cataño de los adultos que aparecen en la muestra. El promedio del período de residencia en la vecindad donde viven al presente es de 11,6 años. La Tabla 4 muestra el período de residencia en la vecindad. De 51 individuos que tienen cinco o menos años de residencia en el sector, 27 son residentes del nuevo caserío que se inauguró en 1967.

Cataño ofrecía algunas atracciones que explican en parte el crecimiento de los arrabales del área. Su localización geográfica, en el sur de la Bahía de San Juan, y la transportación relativamente buena por medio de lanchas que hacen el recorrido entre Cataño y San Juan, siempre se han considerado una de las ventajas del pueblo. Además está cerca del área de los muelles, que, hasta la llegada de los barcos de cargas y los procesos mecanizados de carga, ofrecía la posibilidad de obtener trabajos no especializados. La central azucarera en la carrera Cataño-Bayamón era otra fuente de empleo, al igual que los trabajos de construcción, disponibles cuando el campamento militar del Fuerte Buchanan se inauguró en los años cuarenta. Además, se establecieron en el área de Cataño algunas de las primeras industrias patrocinadas por *Fomento*.*[3]

La vivienda de bajo alquiler disponible no podía acomodar a los emigrantes y, como resultado de la escasez de vivienda en Cataño y otras partes del área de San Juan, los nuevos habitantes de la ciudad construyeron casuchas en las tierras marginales.

Durante los años cuarenta y más tarde, Cataño tenía considerables áreas de tierra marginal donde se podían construir casas, sin persecución por parte del gobierno o de los propietarios porque un gran sector del área municipal consistía de tierras de manglares, un terreno que no es apropiado para la agricultura o la urbanización. Los manglares eran relativamente poco profundos y estaban cubiertos por espesa vegetación. Los pobladores de los manglares en primer lugar comenzaban a eliminar los árboles de una parte del área y construían las casas montadas

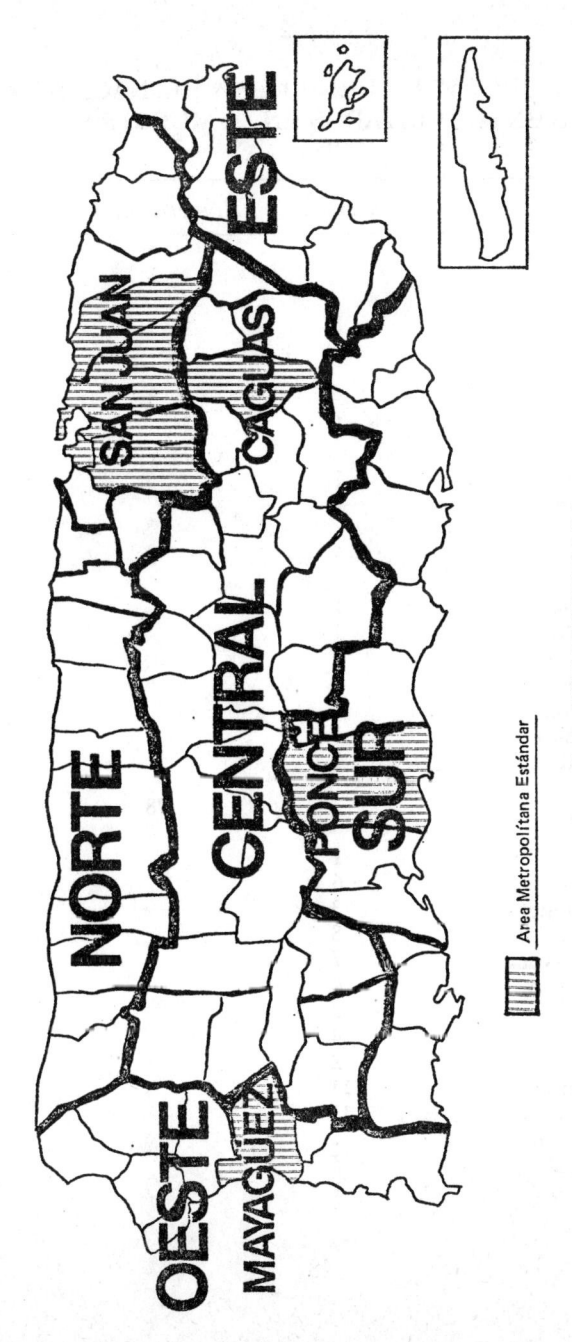

Ilustración 3. MAPA DE PUERTO RICO

Tabla 2

ZONA Y MUNICIPALIDAD DEL LUGAR DE NACIMIENTO DE LOS ADULTOS ENTREVISTADOS EN LA MUESTRA DE CATAÑO, 1969

Zona	Municipio	Número	Número total	Por ciento
Oeste			2	1,3
	Mayaguez	1		
	Cabo Rojo	1		
Sur			3	1,9
	Yauco	1		
	Ponce	1		
	Salinas	1		
Este			8	5,1
	Vieques	1		
	Fajardo	1		
	Humacao	2		
	Las Piedras	1		
	Yabucoa	1		
	Maunabo	1		
	Naguabo	1		
Norte			78	49,7
	Hatillo	1		
	Arecibo	6		
	Barceloneta	3		
	Manatí	8		
	Vega Baja	7		
	Vega Alta	4		
	Dorado	2		
	Toa Baja	4		
	Toa Alta	2		
	Bayamón	14		
	Cataño	13		
	San Juan	7		
	Guaynabo	5		
	Trujillo Alto	1		
	Loíza	1		

Zona	Municipio	Número	Número total	Por ciento
Central			65	41,4
	Juncos	1		
	Caguas	3		
	Aguas Buenas	5		
	Cidra	2		
	Aibonito	1		
	Barranquitas	4		
	Comerío	5		
	Naranjito	4		
	Corozal	6		
	Morovis	6		
	Orocovis	7		
	Jayuya	1		
	Cayey	1		
	Ciales	8		
	Adjuntas	1		
	Lares	1		
	Utuado	8		
	San Sebastián	1		
Ninguna información disponible		1	1	0,6
Total		151	157	100,0

TABLA 3

AÑOS DE RESIDENCIA EN CATAÑO DE LOS ADULTOS ENTREVISTADOS, 1969

Años de Residencia en Cataño	Período de Emigración	Número	Porciento
0-5	1964-1969	29	18,5
6-12	1957-1963	20	12,7
13-25	1944-1956	70	44,6
26-38	1931-1943	16	10,2
39-51	1918-1930	10	6,4
Ninguna información disponible	—	12	7,6
Total		157	100,0

TABLA 4

AÑOS DE RESIDENCIA EN ARRABAL O CASERIO DE CATAÑO DE LOS ADULTOS ENTREVISTADOS, 1969

Años de Residencia	Período de Mudanza	Número	Porciento
0-5	1964-1969	51	32,5
6-12	1957-1963	22	14,0
13-25	1944-1956	57	36,3
26-38	1931-1943	10	6,4
39-51	1918-1930	3	1,9
Ninguna información disponible	—	14	8,9
Total		157	100,0

sobre postes, que introducían en el fango; de este modo elevaban las casas algunos pies sobre el nivel del agua para prevenir las inundaciones durante la marea alta. Los primeros pobladores construyeron sus casas más cerca de las áreas secas. Unos tablones de madera servían de puente para conectar las casas a las áreas secas, según se hace hoy día. Se utilizaban botes como medio de transportación, para recorrer los manglares en la recolección de jueyes y ostras, y para pescar en la bahía. En Cataño se utilizaban los árboles de los manglares para hacer carbón y como combustible para las destilerías clandestinas, que existían en el área antes de que el gobierno comenzara ataques concertados contra los productores de *cañita*.[*][4] De este modo, cuando los manglares no habían sido drenados, además de ofrecer un lugar para construir una casa, también proporcionaban recursos naturales que podían utilizar los pobladores. En el caso de Cataño, también tenían la ventaja de estar cerca de los lugares de trabajo y de contar con buenas facilidades de transportación a otras partes del área metropolitana de San Juan.

Los arrabales se formaban prácticamente de la noche a la mañana cuando la tierra marginal era abundante. Las casas en un principio se construían mediante el uso de árboles de manglares, madera, cartón y latas aplastadas. Tal vivienda se puede construir en pocas horas. Cuando el gobierno comenzó a prohibir la construcción de más casas en los arrabales, se empezó a construirlas por la noche. Todas las mañanas aparecían nuevas estructuras hasta que se cubría toda el área con casas, tiendas, bares e innumerables callejones y calles estrechas.

Cuando una persona cercaba un pedazo de tierra y construía una estructura en él, adquiría el derecho de usar la tierra y mantener en ella su casa. Este derecho era respetado por los otros invasores y por las autoridades gubernamentales. Cuando el gobierno comenzó a evitar el crecimiento de los arrabales, la policía destruía las casas si no se había completado la construcción. Sin embargo, después de que se construían las cuatro paredes, el techo y el piso, era necesario obtener una orden del tribunal para desalojar a los residentes y destruir la casa. Había que compensar al dueño de la casa por el valor de la misma.[5]

Aunque los invasores urbanos no tienen título de propiedad para la tierra, al vender una casa también venden el derecho de usar la tierra. Se puede adquirir una casa al construir en un solar vacante, no reclamado por ninguna otra persona, o al comprar uno existente. La tendencia en ambos casos es de reparar la estructura original tan pronto como los recursos económicos estén disponibles. El típico residente de arrabal, en Cataño, posee la casa donde vive.[6] Los propietarios, o la gente que alquila las casas, son una minoría en los arrabales. Son pocos los no residentes que poseen casas allí. Cuando no hay tierra disponible para construir una casa, los recién llegados prefieren comprarla, en lugar de convertirse en inquilinos.

Los primeros pobladores comenzaron el proceso de rellenar el manglar alrededor de sus casas, al vaciar allí trastos viejos, cáscaras de coco y tierra traída de las áreas secas. Con el crecimiento de la población, la tierra se tornó más seca, pero el proceso de rellenar el terreno es constante y no se ha terminado. La vida de los invasores en Cataño y otros arrabales formados en los manglares, ha sido una lucha constante en contra del agua y las inundaciones.

Durante la Segunda Guerra Mundial, el Ejército de los Estados Unidos drenó parte de los manglares de Cataño, mediante el bombeo del agua hacia la Bahía de San Juan y rellenando el terreno con tierra traída de las áreas secas, para construir una pista de aterrizaje cerca del Fuerte Buchanan. Aunque el aeropuerto fue abandonado más tarde porque el terreno no era bastante resistente para ser utilizado como pista de aterrizaje, proporcionó suficiente tierra para rellenar los asentamientos de los alrededores. Cuando se bombeó el agua, algunas áreas quedaron cubiertas por terreno fangoso o *babote*,* donde se podían construir más casas.

El proceso de rellenar el área y el constante mejoramiento del terreno llevado a cabo por los residentes y el gobierno municipal, presionado por las demandas de los residentes, han realizado una contribución importante al valor actual de la tierra. En la actualidad no hay manglares en Cataño, con la excepción de una estrecha franja, cerca de la bahía, en la que no hay casas. El nivel del agua está a unas pulgadas bajo la superficie, en algunos casos sólo a ocho pulgadas y, como resultado, el proceso de rellenar con tierra tiene que continuar para evitar el hundimiento de las casas y hacer frente a las

inundaciones, causadas incluso por lluvias menores. El *relleno* *
se compra siempre que se necesita o cuando está disponible el
dinero. Se compra por carga de camión a un costo de diez a
doce dólares. Las zanjas se excavan con cuidado para permitir
que el agua, que arrojan las casas, fluya con libertad hacia zanjas más grandes. No hay sistema de alcantarillado. Aunque algunas casas tienen facilidades de plomería y pozos sépticos,
muchas tienen letrinas y zanjas abiertas, por las que pasa el
agua. Las zanjas más grandes se obstruyen debido a la vegetación y los desperdicios, y es responsabilidad del gobierno municipal limpiarlas. Algunas veces los residentes las limpian, pero
el mantenimiento de las zanjas se considera responsabilidad
del gobierno municipal.

Al presente la mayoría de las casas tiene agua corriente, por
lo menos un grifo y una ducha. También cuentan con electricidad. Sólo la gente extremadamente pobre y algunos nuevos
residentes no disponen de ambos servicios, pero constituyen
una pequeña minoría. Las calles y algunos callejones tienen
luz también. En algunos sectores es necesario alumbrar más
las calles, y los residentes siempre se quejan al respecto, así
como de las condiciones de las calles. El gobierno municipal
es responsable también de rellenar los callejones y pavimentar
las calles principales de los arrabales.

Durante los años cincuenta, los residentes de los arrabales
de Cataño comenzaron a demandar de los líderes políticos municipales el mejoramiento de las condiciones físicas de las vecindades. Solicitaron la extensión de cañerías para tener agua
corriente en sus casas. En un principio tuvieron que depender
de los grifos comunales, instalados por el gobierno municipal
para servir a docenas de familias. También exigieron electricidad en los hogares, alumbrados en las calles y calles pavimentadas. Los políticos locales siempre trataron de obtener dinero
de la legislatura para mejorar las condiciones físicas de los
arrabales, donde el aumento de la población también significaba aumento del número de votantes. Cuando el gobierno insular estableció el Programa de Renovación Urbana, la decisión
de eliminar los arrabales de Cataño se tomó sin consultar a
los residentes; y cuando me mudé allí en 1968, habían eliminado las estructuras de una parte del arrabal más grande, y

muchas familias se habían mudado al nuevo caserío de Juana Matos.

El 1968 Cataño tenía cuatro arrabales, dos caseríos ya ocupados y otro en construcción. Hacia finales del período de investigación, se estaba construyendo la segunda sección del caserío de Juana Matos y continuaba la expropiación de los residentes del primer y segundo sector de Juana Matos.

Juana Matos es el arrabal más grande. En 1960 contaba con 1820 unidades de vivienda ocupadas (43 por ciento de las viviendas urbanas en Cataño) y aproximadamente 9.456 habitantes. Alrededor de la mitad de la población urbana del municipio vivía en esta comunidad (Administración de Renovación Urbana y Vivienda, 1965). Al lugar se le dio nombre luego de que uno de los primeros pobladores construyera un *friquitín,** que, de acuerdo a algunos informes, atrajo a la gente para beber y jugar dómino. Es uno de los arrabales más notorios y conocidos de Puerto Rico, junto con La Perla en el Viejo San Juan y los Bravos de Boston en Hato Rey. Ha recibido gran atención en los medios de comunicación, especialmente cuando tenía una población relativamente numerosa. Aunque la gente fuera del área siempre ha considerado a Juana Matos como un lugar donde la pobreza, la violencia, la prostitución y otros supuestos males sociales son endémicos, para la mayoría de sus residentes siempre ha sido lo que ellos llaman un buen lugar para vivir, a pesar de las condiciones físicas del área.[7]

Durante los años cincuenta y más tarde, algunos líderes jóvenes de la comunidad de Juana Matos organizaron varias demostraciones, en las cuales exigían que los gobiernos municipal e insular dieran mayor atención a su comunidad. Pidieron el mejoramiento de las carreteras y los callejones, la limpieza regular de las zanjas para evitar las inundaciones, mejor alumbrado en las carreteras, y presentaron demandas similares para hacer del arrabal un mejor lugar para vivir. Un informe sobre las condiciones de Juana Matos (Administración de Renovación Urbana y Vivienda, 1965) recalca los aspectos deteriorados de vivienda y la pobreza de la población. La respuesta del gobierno a los problemas de la vecindad, fue recomendar la relocalización de las familias en viviendas públicas y de bajo costo, basado en el argumento de que es imposible renovar a Juana Matos:

El sector de Juana Matos no es susceptible a la rehabilitación in situ. Las condiciones de superpoblación, las estructuras y alrededores inadecuados, al igual que la inestabildad del terreno, requieren una renovación total del área (Cámara de Representantes, 1965: I-4).

Para comenzar el programa de renovación urbana, se dividió la comunidad en cuatro sectores. En enero de 1969, el primer sector sólo tenía 55 estructuras aún en pie, el sector dos fue propuesto para demolición tan pronto se pagara a los dueños y se les mudara fuera del área. Como resultado, el número de unidades de vivienda se redujo de 1.820, en 1960, a 1.358, y continuó el proceso de despoblación.

Al otro lado de la calle de Juana Matos, el nuevo caserío ya había sido ocupado por familias de esta comunidad y por algunos antiguos residentes de La Perla en San Juan, cuyas casas habían sido destruidas por las altas mareas. Los caseríos están compuestos por varios edificios de dos o tres pisos y tienen hasta doce apartamentos por edificio. Cada edificio cuenta con dos entradas y de cuatro a seis familias comparten una entrada común y una escalera. Los apartamentos comprenden de dos a cuatro dormitorios, una sala-comedor, cocina y baño, además de un balcón y una pequeña terraza en la parte posterior. Los edificios están separados unos de otros. Cuentan con calles pavimentadas y aceras de concreto, un centro comunal, una escuela y un área de recreación, que consiste de un parque de pelota y, algunas veces, de una cancha de baloncesto. En 1969 el nuevo caserío de Juana Matos consistía en cincuenta y siete edificios, con seicientos apartamentos. Los alquileres se pagan de acuerdo al ingreso de la familia, pero durante la campaña electoral de 1968 se congelaron y se ha suspendido el alza estacional en el alquiler según las variaciones en el ingreso. El caserío más antiguo, llamado Matienzo Cintrón, construido en 1945, está situado al este del primer sector de Juana Matos. Consiste en quince edificios, cada uno de dos pisos, un centro comunal y patios de recreo.

Al suroeste de Juana Matos está ubicado Puente Blanco, un arrabal formado durante los últimos años de la década de 1940. Ocupa una estrecha franja de tierra junto a un canal, que está cubierto por los desperdicios de una refinería de petróleo cercana. La mayor parte de las calles están pavimentadas, pero tienen grandes baches, y además se inundan con facilidad. Las casas en la parte posterior de la vecindad están normalmente rodeadas por charcos que subsisten después de cada lluvia. No tienen sistema de alcantarillado, pero las calles están alumbradas y la mayoría de las casas tienen agua y electricidad. Hay 363 casas, más una escuela, algunas iglesias pequeñas, tiendas y bares. Su extensión está limitada por el canal a un lado y al otro por la tierra que posee la refinería. Aunque no está en crecimiento, durante mi período de investigación no fue afectado por ningún proceso de renovación, y la gente no se preocupaba por la posibilidad de expropiación.

El cuarto arrabal se llama Cucharillas y a veces Barrio Palmas. Está ubicado en el lugar que oficialmente se consideró como el único barrio rural del municipio (hasta el censo de 1970), aunque el área, en términos sociológicos, es parte de un complejo urbano. Se encuentra a alrededor de tres millas del centro del pueblo y, como resultado, los residentes están más aislados, en especial durante la noche, cuando cesa la transportación pública. Tiene una calle pavimentada de casi una milla de largo (se pavimentó en 1967), con casas localizadas a ambos lados. De la calle principal parten varios callejones con nombres llamativos, donde se encuentran más casas. Algunos sólo comprenden tres o cuatro casas, otros tienen hasta cuarenta. Cucharillas está en tierra más seca que los otros arrabales y sólo se inundan áreas pequeñas. En las calles principales y en muchos callejones cuenta con alumbrado. En general el área luce más limpia, menos atestada, con más vegetación y con casas más grandes y mejores que los otros arrabales. Las mejores casas están frente a la calle principal; las viviendas más humildes se encuentran en las calles posteriores y en callejones estrechos; en esto se parece a Puente Blanco. En enero de 1969, tenía 559 unidades de vivienda, además de varias tiendas, bares y salones de billar. La mayor parte de las casas tienen agua y electricidad, pero no hay sistema de alcantarillado.

La Junta de Planificación aún clasifica la sección sur del pueblo como un arrabal, a pesar de las mejoras en las condiciones de las calles. No hay sistema de alcantarillado, pero parece que, comparado con otros arrabales, una proporción más alta de casas cuenta con pozos sépticos. Las casas están mejor construidas que en Juana Matos y otros arrabales. El área era también tierra marginal y manglares, que la gente invadió al mismo tiempo que se estableció Juana Matos. Para el visitante usual no parece diferente a las calles cercanas, parte del distrito residencial de la clase baja del pueblo. Las áreas del Babote y la Puntilla, según se les llama, no son consideradas como arrabales por sus residentes y otra gente de Cataño. Durante mi residencia en Cataño, consistía de 508 unidades de vivienda, además de varias tiendas, talleres de reparación y bares. De la sección más cercana al caserío de Juana Matos, se han eliminado las estructuras para dar paso a una super-carretera, pero no han sido afectadas las casas más cercanas al centro del pueblo.

Los manglares y otras tierras no utilizadas en Cataño y otras partes de Puerto Rico, fueron invadidos por individuos y familias que imitaron a otros que ya habían construido sus casas en áreas similares. En una sociedad donde la apropiación ilegal de tierras en la zona rural era una tendencia común, la construcción de casas en tierras urbanas y semi-urbanas no se consideró de interés público, sino hasta tarde en los años cuarenta, cuando los arrabales alcanzaron un crecimiento enorme.[9] Por otro lado, durante los primeros años de la década de 1940 no hubo ningún plan en gran escala de renovación urbana o urbanización planificada en Puerto Rico. Cuando los arrabales continuaron su crecimiento y se diseñó un programa de renovación urbana, el gobierno intentó controlar la proliferación de más arrabales. Se encargó a la fuerza policíaca evitar la construcción de casas en tierras públicas y privadas, pero los invasores recurrieron a la construcción de las casas durante la noche y a traer los materiales de construcción a través de áreas no patrulladas por la policía. Los políticos locales estaban poco dispuestos a presionar para conseguir medidas preventivas de la apropiación ilegal, ya que cada arrabal tenía un número de votantes potenciales, cuyo respaldo era necesario para el partido en el poder. Como resultado, eran innecesarias las invasiones de tierra planificadas y organizadas. En períodos posteriores, se evitaba con más éxito la intervención de la policía mediante la construcción de una casa en silencio, durante la noche y con pocas personas realizando el trabajo.

La formación de los arrabales de Cataño se puede describir como invasiones de tierra no organizadas, si se compara con las invasiones organizadas de las ciudades de América del Sur.[9] En Cataño y en otras partes de Puerto Rico no existían líderes de la comunidad que planificaran las invasiones, dividieran la tierra en lotes o dibujaran los planos de las calles. Cada cual construía una casa con un camino; la siguiente persona en costruir una casa cerca de la primera, extendía el camino hasta su casa y, de este modo, el área se cubría por muchos caminos y casas.

Aunque los arrabales de Cataño siempre han carecido de la orientación corporativa, característica de asentamientos similares en otras ciudades, en muchas ocasiones se organizaron demostraciones y protestas en masa en demanda de mejoras en las condiciones físicas del área. La aparición de los líderes de la comunidad fue un fenómeno post-invasión. Por medio de estas demostraciones, y al despertar el interés de los políticos locales e insulares, los residentes de los arrabales han podido obtener agua, electricidad y calles pavimentadas. Muchos de los líderes de la comunidad estaban también involucrados en la política partidista; esta situación se analizará en el capítulo sobre el liderato político en los arrabales.

Los arrabales de Cataño han alcanzado su crecimiento máximo y gran parte del área municipal está incluida en el programa de renovación urbana del área metropolitana de San Juan. No hay tierra disponible y es difícil construir las casas cuando es inminente la amenaza de expropiación.

Los residentes de Juana Matos, que se mudaron fuera del área como consecuencia del plan de renovación urbana, han establecido sus residencias en otros lugares de Cataño y áreas vecinas. Algunos se mudaron a Puente Blanco y a Cucharillas, otros al caserío y los de más recursos económicos a viviendas de bajo costo, disponibles en una urbanización de clase media baja entre Juana Matos y Cucharillas. Otros se mudaron a los arrabales formados más recientemente en lugares cerca de Cataño; donde se invadió la tierra en 1967. Uno de estos arrabales se llama Vietnam y está ubicado en un antiguo manglar, al cruzar la punta de Cataño. Otro se llama Villa Betances[10] y se encuentra en una finca en la carretera Cataño-Toa Baja. El proceso de invasión y establecimiento de estos arrabales ha sido similar al de las comunidades de Cataño, aunque a un paso más acelerado.

MEDIOS DE VIDA

Poder subsistir y buscar dinero para cubrir los gastos diarios, es uno de los retos principales de la vida cotidiana en el arrabal. La formación del arrabal es una expresión de este problema. Su desarrollo se correlaciona con la emigración de las áreas rurales, donde la motivación primaria de los emigrantes era buscar empleos. Los trabajadores agrícolas del pasado se han convertido en pobladores urbanos de clase baja. Aunque aún existen algunos remanentes de la vida rural en los arrabales de Cataño, especialmente en el lenguaje y el folklore,[11] la orientación de los residentes es hacia la vida urbana. El residente medio de un arrabal o caserío en Cataño, ha vivido allí aproximadamente dieciséis años y hay una generación, que se ha criado en el arrabal, para la que es ajena la vida rural (Véase Tablas 3 y 4). La mayor parte de los rasgos que comparten los residentes de Cataño con los habitantes de las zonas rurales de Puerto Rico, están más asociados a la cultura de la clase baja que a los vestigios de una sociedad agraria. Las ocupaciones de los residentes en los arrabales y caseríos de Cataño son por completo urbanas; ninguno desempeñaba trabajos agrícolas. En la muestra[12] de 157 unidades domésticas, encontramos variedad de ocupaciones entre los adultos, aunque las fuentes más comunes de empleo eran fábricas, trabajos de construcción y otras ocupaciones catalogadas bajo trabajadores de servicio, que incluyen: choferes, sirvientas, celadores, etc. Sólo cuatro personas podían ser consideradas profesionales, dos maestras de escuela y dos enfermeras acreditadas. La Tabla 5 muestra la distribución de las ocupaciones en ocho categorías. La distinción entre los trabajadores diestros y los no diestros se estableció de acuerdo con el tipo de trabajo. Un trabajador diestro necesita más entrenamiento que uno no diestro; puede ser entrenado en el trabajo o en una escuela vocacional. Por ejemplo, un albañil puede ser considerado como trabajador diestro, pero el ayudante de albañil es no diestro y gana un salario menor que el primero. Fue necesario establecer la categoría de las tareas sueltas, o *chiripeo* * según se denomina en la jerga del arrabal, para incluir a la gente que trabaja en casi cualquier tipo de empleo disponible; todas ellas clasificadas como ocupaciones no diestras. Trabajan menos horas, ganan menos dinero y están más inseguros e términos de mantener un trabajo por períodos más largos de tiempo.

La mayoría de las personas en la fuerza obrera son trabajadores no diestros en fábricas, trabajos de construcción y en el área de servicio, dentro de la que la mayoría no están empleados en el servicio doméstico. La inseguridad en el trabajo es mucha y los períodos de desempleo y despido temporero son comunes. La escasez de oportunidades de empleo es un tema común de conversación y la principal fuente de descontento. Aunque la compensación por desempleo se recibe durante un período de tiempo limitado, el ingreso derivado de la misma siempre es menor que el típico salario semanal de un trabajador no diestro. Los jóvenes compiten con los mayores por los mismos tipos de empleos. La falta de entrenamiento y la intensa competencia para los trabajos diestros, explican el alto desempleo entre los jóvenes adultos. Los padres mantienen tanto a las mujeres como a los hombres que en los últimos años de su adolescencia se encuentran fuera de la escuela y desempleados, hasta tanto consigan un trabajo o hasta que se casen las jóvenes.

La fuerza obrera en la muestra del grupo doméstico, definida como gente que trabaja, busca un empleo, o está dispuesta a tomar uno, consistía en 223 personas o 28,6 por ciento de la población en la muestra. Treinta y tres de ellas estaban desempleadas cuando se realizó la entrevista, mientras 22 estaban fuera de la escuela y dispuestas a tomar un empleo, lo cual da razón de un 20,6 por ciento de desempleo.

El empleo es la principal fuente de ingresos en aproximadamente tres cuartas partes de las familias en la muestra (Véase

Tabla 5

DISTRIBUCION DE LAS OCUPACIONES ENTRE LOS ADULTOS EN LA MUESTRA DEL GRUPO DOMESTICO, 1969

Ocupación	Número	Porciento
Trabajador diestro	33	16,4
Trabajador no diestro	61	30,3
Propietario	6	3,0
Trabajador de servicio	68	33,8
Trabajador de oficina	5	2,5
Profesional	4	2,0
Tareas sueltas	7	3,5
Ninguna información disponible	17	9,5
Total	201	100,0

TABLA 6

PRINCIPALES FUENTES DE INGRESO EN LOS GRUPOS DOMESTICOS DE LOS ARRABALES Y CASERIOS DE CATAÑO, 1969

Fuente de ingreso	Número	Porciento
Empleo	116	73,9
Alquiler	1	0,6
Pensiones	5	3,2
Seguro Social	17	10,8
Bienestar Público	9	5,7
Ayuda de parientes	7	4,5
Ninguna información disponible	2	1,3
Total	157	100,0

Tabla 6). Para nueve de ellos la ayuda del bienestar público era el único ingreso, mientras siete familias recibían ayuda para completar su ingreso. Veinte familias recibían alimentos excedentes del gobierno en el momento de la entrevista. En la mayoría de las familias el esposo es el único sostén, como se muestra en la Tabla 7, y la mayor parte de las familias sólo tiene una persona que tiene ingresos.

Las personas empleadas viajan a diferentes partes del área metropolitana de San Juan para trabajar, como se muestra en la Tabla 8. El área de residencia sólo provee empleo para un 15,8 por ciento de los trabajadores, aunque más de una tercera parte de ellos (41,6 por ciento), trabaja dentro del área incluida en el municipio de Cataño.

El arrabal y el caserío por sí mismos proveen pocos empleos. El trabajo temporero en la construcción de una casa puede reclutar alguna gente por un corto período de tiempo, usualmente durante los fines de semana, pero las únicas personas con trabajos regulares dentro del área son los dueños de tiendas y bares; los empleados del gobierno en los dispensarios y las escuelas; y los que trabajan por su cuenta, tales como costureras, zapateros y los que trabajan de mecánicos en talleres de autos, radio y televisión. Sin embargo, el arrabal proporciona varios modos de obtener dinero, modos no permitidos en los caseríos porque el reglamento de la autoridad de vivienda prohibe ciertos tipos de actividades. En el arrabal se puede colocar un quiosquito frente a la casa para vender dulces, frutas y refrescos, y así complementar otras fuentes de ingreso. Las familias crían además gallinas y cerdos, que venden en caso de necesidad. Algunas personas se dedican a matar cerdos y venderlos crudos o asados durante los fines de semana, y las mujeres preparan diferentes tipos de comidas para venderlos dentro de la comunidad tales como *pasteles*,* *alcapurrias** y *rellenos de papas.**

La típica ocupación de la clase baja, de tomar ropa para lavarla y plancharla, no es tan común en Cataño como en otros arrabales y caseríos. Esto tal vez se debe a que no hay muchas familias de clase media en el municipio y además los arrabales no están cerca de las zonas residenciales de altos ingresos. Es más común que las mujeres vayan desde el lugar de residencia

TABLA 7

NUMERO DE PERSONAS EMPLEADAS POR CADA GRUPO DOMESTICO EN LA MUESTRA, 1969

Personas empleadas	Número	Porciento
1	126	80,3
2	23	14,7
3	5	3,2
4	2	1,3
Más de 4	1	0,5
Total	157	100,0

TABLA 8

LUGAR DE TRABAJO DE LOS INDIVIDUOS EMPLEADOS EN LA MUESTRA DEL GRUPO DOMESTICO DE LOS ARRABALES Y CASERIOS DE CATAÑO, 1969

Lugar de trabajo	Número	Porciento
Dentro de la misma área de residencia	29	15,8
Otro sector de Cataño	22	12,0
Carretera Cataño-Bayamón	12	6,5
Carretera Cataño-Buchanan	8	4,3
Bayamón, Hajo Tejas, Guaynabo	20	10,9
Carretera Caguas-Carolina	5	2,7
Levittown, Toa Baja	9	4,9
San Juan, Santurce, Río Piedras	44	23,9
Fuera del área metropolitana de San Juan	14	7,6
Ninguna información disponible	21	11,4
Total	184 *	100,0

* Había 17 personas desempleadas cuando se llevó a cabo la entrevista.

hasta las casas donde están empleadas, para hacer el lavado y planchado. Cuando hay trabajos disponibles, las mujeres contribuyen al ingreso del grupo doméstico. Algunas mujeres son más dinámicas y activas que otras en su contribución económica, aunque la misma generalización puede aplicarse a los hombres. El tipo empresarial, que siempre está en busca de medios para aumentar su ingreso, se encuentra en el arrabal junto con el individuo apático o derrotado, el cual muestra menos interés en dedicar tiempo y esfuerzo para buscar nuevas fuentes de ingreso. El arrabal exhibe una gran diversidad de maneras en que la gente enfoca los problemas económicos comunes. Esto se percibe con más claridad en las actitudes respecto del bienestar público y la ayuda gubernamental. Aunque los datos sobre las actitudes hacia el bienestar público no me permiten establecer conclusiones definitivas, mis observaciones dan alguna idea de cómo la gente en los arrabales y caseríos enfoca la ayuda pública. El bienestar público constituye una fuente de ingreso permanente para los individuos que son muy viejos o enfermos para trabajar, o buscar un empleo. Las mujeres con niños y sin esposo también tienden a depender del bienestar cuando no pueden trabajar, ya sea porque tienen que cuidar a los niños o porque no pueden competir en el reducido mercado de empleo. Otros tienden a considerar el bienestar como una ayuda temporera hasta que mejoren las condiciones; mientras un pequeño grupo, por lo general los hombres, tienden a ver la ayuda pública como algo que degrada al individuo y fomenta la dependencia respecto del gobierno. Cuánta gente corresponde a cada categoría es una cuestión sin resolver, que sólo puede aclararse con una investigación concreta sobre este asunto.

Los niños no hacen contribuciones económicas significativas al grupo doméstico; cuentan con pocas oportunidades para dedicarse a actividades económicas en el arrabal, no hay carros para lavar o clientes que compren periódicos. Allí están limitados a limpiar zapatos, vender periódicos, lavar carros en las áreas de clase media y, en ocasiones, a mendigar. Los dueños de bares y tiendas reciben ayuda de sus hijos, aunque éstos no reciben paga. Las niñas en todos los grupos domésticos, ayudan a sus madres en el trabajo del hogar y el cuidado de los pequeños. De los 157 adultos en la muestra, sólo 17 habían trabajado antes de los diez años de edad y la mayoría había trabajado en la agricultura antes de mudarse a Cataño. Las doce personas en la muestra, que comenzaron a trabajar después de los treinta años de edad, eran mujeres a las cuales sus padres o esposos habían mantenido antes de esa edad (Véase Tabla 9).

TABLA 9

EDAD EN QUE LOS INDIVIDUOS EN LA MUESTRA OBTUVIERON EL PRIMER EMPLEO, 1969

Grupos de edades	Número	Porciento
Menos de 10 años	17	10,8
10-14	35	22,3
15-19	39	24,8
20-24	17	10,8
25-39	5	3,2
30 y más	12	7,6
Nunca han trabajado	28	17,8
Ninguna información disponible	4	2,5
Total	157	100,0

El ingreso familiar anual en los arrabales y caseríos de Cataño fue difícil de determinar, debido a las fluctuaciones que hubo durante todo el año como resultado del desempleo temporero y los largos períodos de despido temporero. Los datos en la Tabla 10, muestran el ingreso mensual de las familias en la muestra al momento de realizarse la entrevista. Un por ciento relativamente alto de las familias (12,1 %), no informó su ingreso. Por lo general la esposa no sabía cuánto ganaba el esposo, en otros casos muchos estaban poco dispuestos a informar cuánto dinero ganaban, y aún en otros casos las personas involucradas no recibían ingresos estables y los entrevistados no podían hacer un cálculo aproximado.[13]

Tabla 10

PORCENTAJE DE LA DISTRIBUCION DEL INGRESO MENSUAL DE LOS GRUPOS DOMESTICOS DE LOS ARRABALES Y CASERIOS DE CATAÑO, 1969

Grupo de ingresos	Número	Porciento
$ 50 o menos	10	6,4
$ 51-$ 75	12	7,6
$ 76-$ 100	11	7,0
$ 101-$ 150	14	9,0
$ 151-$ 200	20	12,7
$ 201-$ 250	14	9,0
$ 251-$ 300	20	12,7
$ 301-$ 350	15	9,6
Más de $ 350	22	14,0
Ninguna información disponible	19	12,1
Total	157	100,0

Los patrones de consumo en los arrabales y caseríos de Cataño están correlacionados con la inseguridad económica y las fluctuaciones en el ingreso. La mayoría de los residentes no paga alquiler, pero tienen los gastos regulares de agua, electricidad y combustible para cocinar (queroseno o gas propano). La mayor parte del ingreso de un grupo doméstico se invierte en comida. El dinero se gasta tan pronto se gana, y en los tiempos de escasez los individuos consumen menos comida o se atienen al crédito. El cumplimiento de otras necesidades se pospone hasta que haya dinero disponible; si están muy necesitados pueden obtener un préstamo de sus parientes, los dueños de tienda, los amigos, un banco o una *financiera*.*[14] El ahorro no forma parte de la ideología de los pobres de zona urbana, los ingresos son bajos y siempre hay cosas que comprar y gastos fuera de los del grupo doméstico corriente. En raras ocasiones, cuando el dinero resulta suficiente por ganancias en la lotería o las carreras, se gasta con liberalidad. Siempre hay necesidad de dinero y buenas razones para gastarlo, incluso en las familias con ingresos altos. El cincuenta y cuatro por ciento de las familias en la muestra, tenía una fuente de crédito en las tiendas de la vecindad, mientras un 22 por ciento no recibía crédito y otro 22 por ciento dijo que nunca lo solicitó. Sólo treinta y dos de las familias entrevistadas no sabían dónde obtener un préstamo, mientras 14 de éstas contestaron que no solicitarían uno. El resto de las familias, un sesenta y cinco por ciento, tenía por lo menos una persona o un recurso de los cuales podía conseguir un préstamo (Véase Tabla 11). Los préstamos a largo plazo, tales como algunos miles de dólares para financiar la casa, son irreales ya que la mayor parte de los residentes no califica para los mismos. Por lo general, la comida y la ropa se compran con dinero en efectivo, como se muestra en la Tabla 12 para las familias de la muestra. El crédito se utiliza mucho para comprar muebles y artefactos eléctricos; pueden vivir sin ellos, aunque tratan de adquirirlos siempre que es posible, y su posesión se estima mucho. Las tiendas de muebles y artefactos eléctricos siempre están dispuestas a dar crédito, incluso a los más pobres, si pueden pagar pronto. Cuando se atrasan los pagos mensuales, la tienda recupera los muebles y los artefactos eléctricos, y el individuo pierde lo que ha ganado. Es relativamente fácil obtener crédito en otra tienda y comprar muebles nuevos, algunas veces en la misma tienda. Se afirma que las mueblerías obtienen grandes beneficios de estas prácticas.

La mayoría de los establecimientos comerciales en los arrabales son tiendas de comestibles y bares. Hay pocas tiendas de ropa y de mercancía en general, aunque en uno de los arrabales de Cataño hay una pequeña farmacia y una ferretería. El equipo del hogar, los muebles y la ropa por lo general se compran fuera del arrabal, como se muestra en la Tabla 12. Por los arrabales y caseríos siempre pasa todo tipo de vendedor ambulante en camionetas, vendiendo pan, huevos, gallinas, ropa, zapatos y artículos del hogar. Hay un árabe que vende relojes y utensilios. Con excepción de los comestibles, los vendedores dan crédito con pagos semanales bajos. Los vendedores ambulantes y las facilidades de crédito proporcionan la oportunidad de aumentar el consumo en ropa y artículos para la casa, pero la mayor parte de la gente vive con mucha sencillez. Las familias de los caseríos tienden a tener mejores muebles que los de los arrabales, probablemente porque parte del dinero recibido por la expropiación de sus casas, se utilizó para comprar muebles y otras cosas. Los aparatos de televisión son universales, proveen las fuente de recreación más común en los arrabales y sólo los más pobres no cuentan con uno.

TABLA 11

PERSONA O LUGAR QUE PUEDE PROPORCIONAR UN PRESTAMO. MUESTRA DE LOS ARRABALES Y CASERIOS DE CATAÑO, 1969

Procedencia del dinero	Número	Porciento
Parientes	15	9,6
Vecinos, amigos, compañeros de trabajo	11	7,0
Patrón	8	5,1
Dueños de tienda	23	14,6
Cooperativas de crédito	12	7,6
Financiera	14	9,0
Banco	20	12,7
No solicitan préstamos	14	9,0
No saben dónde obtener uno	32	20,4
Ninguna información disponible	8	5,1
Total	157	100,0

TABLA 12

FORMAS DE COMPRAR LOS ARTICULOS DE CONSUMO EN LOS GRUPOS DOMESTICOS EN LOS ARRABALES Y CASERIOS DE CATAÑO 1969

	Artículos							
	Comida		Ropa		Artefactos eléctricos		Muebles	
Forma de comprar	Número	Porciento	Número	Porciento	Número	Porciento	Número	Porciento
Crédito	49	31,2	17	10,8	107	68,1	105	66,8
De contado	97	61,7	128	81,5	20	12,7	20	12,7
No los compran	4[1]	2,5	9[1]	5,7	13	8,2	15	9,5
Ninguna información disponible	7	4,4	3	1,9	17	10,8	17	10,8
Totales	157	100,0	157	100,0	157	100,0	157	100,0

1. Estos son individuos que viven solos y cuyos parientes les proveen comida y ropa.

TABLA 13

LUGAR DONDE LOS GRUPOS DOMESTICOS DE LOS ARRABALES Y CASERIOS DE CATAÑO COMPRAN LOS ARTICULOS DE CONSUMO, 1969

Lugar donde compran	Comida Número	Comida Porciento	Ropa Número	Ropa Porciento	Artefactos eléctricos Número	Artefactos eléctricos Porciento	Muebles Número	Muebles Porciento
Vecindad	61	38,8	5	3,1	9	5,7	9	5,7
Tienditas en Cataño	28	17,8	30	19,1	46	29,2	49	31,2
Supermercados o tienditas de una cadena en Cataño	30	19,9	0	—	0	—	0	—
Tienditas en Bayamón	2	1,2	57	36,3	36	22,9	40	25,4
Supermercados o tienditas de una cadena en Bayamón	23	14,6	14	8,9	5	3,1	1	0,6
Tienditas en otras partes del área metropolitana de San Juan	0	—	3	1,9	13	8,2	14	8,9
Supermercados o tienditas de una cadena en otras partes del área metropolitana de San Juan	4	2,5	2	1,2	11	7,0	4	2,5
Fuera del área metropolitana de San Juan	0	—	0	—	2	1,2	3	1,9

Artículos

Lugar donde compran	Comida Número	Porciento	Ropa Número	Porciento	Artefactos eléctricos Número	Porciento	Muebles Número	Porciento
Ayudados por los parientes	3	1,9	2	1,2	6	3,8	12	7,6
Negocio propio	2	1,2	0	—	0	—	0	—
Otros	1	0,6	36	22,9	0	—	0	—
No tienen ninguno	0	—	0	—	11	7,0	6	3,8
Ninguna información disponible	3	1,9	8	5,0	13	11,4	19	12,1
Total	157	100,0	157	100,0	157	100,0	157	100,0

EDUCACIÓN

El nivel de educación de los adultos en la muestra del grupo doméstico, de 20 años o mayores, se desprende de la Tabla 14. Los datos indican un promedio de distribución de 5,4 años de escuela, para la población de la muestra. Sin embargo, para los mayores de 25 años, el promedio de distribución es de 4,8 años de escuela. Estas cifras son más altas que el promedio de 3,6 años de escuela, indicado por Lewis (1968: 53); pero se aproxima al nivel de educación en el municipio de Cataño, en el cual, de acuerdo con un informe de la Corporación de Renovación Urbana (1966: 3): «El nivel de educación promedio de los residentes mayores de 25 años de edad es de 4,5, menor al promedio de toda la isla (4,6), y mucho menor que el promedio del Area Metropolitana (7,1).»

TABLA 14

AÑOS DE ESCUELA COMPLETADOS POR LOS ADULTOS (DE 20 AÑOS O MAYORES) EN LA MUESTRA DEL GRUPO DOMESTICO, DE LOS ARRABALES Y CASERIOS DE CATAÑO, 1969

Años completados	Número de adultos	Porciento
Menos de 1	53	15,7
1-3	70	20,7
4-6	82	24,3
7-9	65	19,2
10-12	49	14,5
Más de 12	13	3,8
Otro (escuela para niños retardados)	1	0,3
Ninguna información disponible	5	1,5
Total	338	100,0

De los 368 niños de edad escolar (6-17) en la muestra, 329 (89,4 %) asistían a la escuela cuando se llevó a cabo la entrevista, 35 (9,5 %) no iban a la misma. No hubo información disponible de cuatro estudiantes.

GRUPOS Y ALIANZAS [15]

Persiste la tendencia individualista, discutida en la formación de los arrabales, donde las familias toman la decisión de invadir la tierra y no existe ninguna organización de grupo. Durante el período inicial de la formación del arrabal, se desarrolla un *esprit de corps* * cuando los invasores se enfrentan a problemas comunes y se presenta la amenaza de desahucio. Al pasar el tiempo, la estabilización de las condiciones de vida y la afluencia de gente nueva, que no compartió los problemas comunes de los primeros días, tienden a debilitar toda solidaridad comunal que haya existido. Los comités de ciudadanos son de corta duración, sólo por el tiempo en que el problema esté sin resolver o hasta cuando la gente se da cuenta de que la solución está fuera de su alcance. Durante el período de mi investigación existían comités de ciudadanos en algunos arrabales, pero no contaban con el apoyo de la mayoría de la gente. Por lo general, una minoría de individuos más activos, relacionados con la política partidista, eran los que se interesaban por los problemas de la comunidad. Sin embargo, si surge una cuestión de importancia se puede movilizar a la gente e integrarla en un comité. La historia de los arrabales de Cataño, en especial Juana Matos, consiste en una formación y desintegración constantes de los grupos comunales. La orientación para vivir en el presente, tan característica de los pobres de la zona urbana de Cataño, no les permite hacer planes a largo plazo ni involucrarse en causas que no sean de interés inmediato. La gente está más propensa a unirse y trabajar si es por el logro de metas inmediatas. Esta última actitud está acompañada por una falta de conciencia de clase y los nuevos problemas se consideran pertenecientes a la esfera de la comunidad o el grupo. Las implicaciones políticas de esa actitud se estudiarán en los capítulos subsiguientes.

El grupo social más coherente y persistente en los arrabales y caseríos de Cataño es el grupo doméstico. La mayoría está integrada por un núcleo familiar, o una forma modificada en la que se incluyen también a los niños de uniones maritales previas de uno de los cónyuges o de ambos. En los casos en que el esposo o padre no está presente, el resto de las personas en el grupo doméstico trata de proveer a los niños con ayuda económica y, además los ayuda en el proceso de socialización. El padre, especialmente si vive cerca, visita al niño y le da algún dinero. Hay individuos que no mantienen a sus hijos o, incluso, no los reconocen; la mayor parte de la gente considera impropio este tipo de comportamiento, aunque existen pocas sanciones al respecto. Una mujer puede llevar a un hombre a la corte por dejar de mantener a los hijos, pero cuando los ingresos son bajos e inestables poco se puede hacer, y la madre tiene que buscar otras formas de obtener dinero tales como un trabajo, el bienestar público u otro hombre que esté dispuesto a encargarse de ella y los niños.

Cuando se establece una alianza matrimonial, el ideal es formar un grupo doméstico aparte, pero las dificultades económicas forzarán a la pareja a vivir con uno de los padres. Normalmente la decisión sobre la residencia post-matrimonial, se basa en consideraciones económicas. Cuando una mujer da a luz un niño sin estar casada, el padre del mismo no está obligado a proveer una casa para ella; ésta permanece con sus padres, que ayudarán en la mantención del niño, si el hombre no contribuye con nada. Los niños nacidos fuera de las alianzas matrimoniales son comunes, y el coraje inicial de los padres de la joven, por lo general, se mitiga al nacer el bebé. Se acepta al niño como un nieto más, y no se hace ninguna distinción entre los niños nacidos fuera del matrimonio y los que resultan de las alianzas legales. Si el padre de la joven se rehusa a mantenerla en la casa, ella puede mudarse con parientes, tanto los lineales como los colaterales, o con amigos.

La mayoría de los individuos de 14 años y mayores en la muestra de los grupos domésticos, estaban casados y vivían con el cónyuge. Sólo un 13,0 por ciento, como se muestra en la Tabla 15, vivían en unión consensual; una cifra relativamente baja en una muestra tomada de arrabales. Lewis (1968: 49), encontró que un 26 por ciento de los jefes de los grupos domésticos, en una muestra de dos arrabales en San Juan, vivían en unión consensual. Es probable que nuestros datos no constituyan un buen cálculo del número de personas que viven juntos sin estar casados. Durante las entrevistas nos dimos cuenta de que la gente tendía a contestar que estaba legalmente casada. En algunas ocasiones pudimos verificar la respuesta; tarea difícil de hacer con todos los casos en la muestra.

Tabla 15

ESTADO CIVIL DE LAS PERSONAS DE 14 AÑOS DE EDAD Y MAYORES EN LA MUESTRA DEL GRUPO DOMESTICO DE LOS ARRABALES Y CASERIOS DE CATAÑO, 1969

Estado Civil	Número	Porciento
Casados que viven con el cónyuge	184	44,4
Casados que viven separados del cónyuge	19	4,6
Divorciados	9	2,2
Viudos	21	5,1
Consensuales	54	13,0
Solteros al presente, pero han tenido uniones consensuales	7	1,1
Solteros	120	29,0
Total	414	200,0

El núcleo del grupo doméstico nuclear en sentido estricto, que consiste de esposo, esposa y sus hijos, se encontró en un 40,8 por ciento de los grupos domésticos en la muestra; aunque si incluimos a los hijos de uniones previas dentro del tipo

TABLA 16

COMPOSICION DEL GRUPO DOMESTICO EN LA MUESTRA DE LOS ARRABALES Y CASERIOS DE CATAÑO, 1969

Tipo de composición familiar	Número	Porciento
Esposo, esposa, hijos de ambos	64	40,8
Esposo, esposa, los hijos de ella	6	3,8
Esposo, esposa, hijos de ambos, los hijos de ella	7	4,5
Esposo, esposa, hijos de ambos, los hijos de ella, los hijos de él	2	1,3
Esposo, esposa, hijos de ambos, los hijos de él	2	1,3
Esposo, esposa, los hijos de él	2	1,3
Esposo, esposa, sin hijos	3	1,9
Esposo, esposa, hijos viven en otra parte	11	7,0
Mujeres solas	4	2,5
Hombres solos	4	2,5
Esposa, sus hijos	19	12,1
Esposo, sus hijos	3	1,9
Extendidos verticalmente	26	16,6
Extendidos horizontalmente	3	1,9
Ninguna información disponible	1	0,6
Total	157	100,0

nuclear del grupo doméstico, encontramos que se podía considerar nuclear el 53,0 por ciento de las familias.

Predomina el grupo doméstico encabezado por el hombre, como se muestra en las Tablas 16 y 17. Los datos muestran, sin incluir a las personas que viven solas, que en 119 grupos domésticos los hombres son los jefes y sólo en 31 lo son las mujeres. Las tendencias matrifocales en la composición del grupo doméstico y en la estructura familiar son débiles, sólo 6 grupos domésticos se ajustan al tipo trigeneracional encabezado por la esposa-madre. En doce de los grupos domésticos, la esposa hacía algunas contribuciones al ingreso de la familia. En un caso su ingreso era mayor al de su esposo, mientras en nueve casos era menor y en tres era aproximadamente igual al del esposo.

TABLA 17

COMPOSICION DE LOS GRUPOS DOMESTICOS ENCABEZADOS POR LA MUJER EN LA MUESTRA DE LOS ARRABALES Y CASERIOS DE CATAÑO, 1969

Composición del grupo doméstico	Número
Esposa con hijos	20
Esposa con hijos y nietos	4
Esposa con nietos solamente	4
Esposa con hijos y parientes	0
Esposa con hijos, nietos y parientes	2
Esposa con parientes	1
Total	31

De este modo, el grupo doméstico es un lugar donde una persona come y duerme, y donde hay ayuda disponible para solucionar los numerosos problemas, a los cuales se enfrentan los pobres de zona urbana. El grupo doméstico se encarga del bienestar de los hijos, aún cuando el padre no está presente. Aunque un niño puede ser abandonado por uno de sus padres o ambos, siempre tiene un lugar para vivir, bien sea con los abuelos, otros parientes o con amigos de la familia. Sólo en casos muy extremos se envía a los niños a una institución y entonces tienden a ser adolescentes con una historia de delincuencia o un comportamiento antisocial hacia la gente. Es mi impresión que las relaciones dentro del grupo doméstico están llenas de conflictos, debido a la privación económica, a las condiciones de vida y al hacinamiento. Además, la libre expresión de las emociones de los puertorriqueños de clase baja, aumenta aún más la posibilidad de conflicto. Se observaron peleas entre los miembros del grupo doméstico y en algunos casos se llamó a la policía, especialmente cuando estaban involucrados el esposo y la esposa. Sin embargo, mis datos no me permiten llegar a una conclusión sobre el comportamiento de los miembros de los grupos domésticos en los arrabales y caseríos y sobre cómo se compara con otros sectores de la sociedad puertorriqueña.

Debe enfatizarse, no obstante, que hay variaciones dentro de las formas de vida en los grupos domésticos. Algunos no difieren de las normas comunes de la clase media, mientras otros se aproximan más o se asemejan a la familia Ríos descrita por Lewis (1966 b). Entre estos dos extremos se encuentran las gradaciones de ingreso, nivel de aspiraciones, etc. El tema común entre todas las familias de las áreas de bajos ingresos de Cataño, es de tener mayor tolerancia para el comportamiento social, que se aparta de las normas de la clase media prevalecientes en la sociedad puertorriqueña. Dentro del arrabal es más común que una joven pierda su virginidad antes de casarse (ya sea unión legal o consensual), tenga un hijo sin poder identificar al padre, y que a un joven lo arresten por posesión de drogas, por pelear o porque lo hayan atrapado mientras robaba. La frecuencia relativamente grande de estos actos en los arrabales y caseríos, hace que la gente asuma una actitud más tolerante y aprenda a vivir con cosas que no se pueden cambiar. Esto no quiere decir que las acepten sin críticas al respecto. Los padres censuran a sus hijos y se enojan cuando éstos se involucran en actos considerados antisociales, pero el hecho de que habrán de ocurrir independientemente de los esfuerzos de los padres para evitarlos, forma parte de la actitud tolerante antes mencionada.

Los parientes fuera del grupo doméstico son también una fuente de ayuda y compañerismo. Los hijos tienden a ayudar a sus padres cuando llegan a adultos y se les critica si no lo hacen, pero al igual que con otros tipos de comportamiento, no se pueden aplicar sanciones al individuo, excepto en forma de posibles comentarios casuales.

El chisme es un factor importante en el control social, pero existen individuos que no se afectan por esto. Sin embargo, cuando el chisme tiende a destruir la imagen del hombre o la reputación de una mujer, conduce al conflicto. Este problema se resuelve mediante peleas de palabra y físicas, y es común llamar a la policía para detener una lucha entre vecinos y, algunas veces, entre miembros de un grupo doméstico.

Fuera del grupo doméstico y de la familia, el individuo se

involucra en otras relaciones sociales en las que los compañeros son importantes. Los compañeros, en especial para los niños y adolescentes, representan el grupo de orientación más significativo. A través de él, el individuo establece relación con otra gente aparte de sus parientes y entabla amistades y alianzas, que a veces se prolongan por largos períodos. Las relaciones no están desprovistas de conflictos y es común que los amigos íntimos peleen entre sí, en especial si son jóvenes.

Las actividades comunes mantienen unidos a los grupos de compañeros. Los niños juegan en las calles o en los patios de recreo de los arrabales. Las facilidades de recreo son escasas y los niños, cuyos padres no se oponen a ello demasiado, van a otros arrabales o al pueblo en busca de algo que hacer. Los adolescentes y los jóvenes adultos varones pasan la mayor parte del tiempo en las calles, bares y salones de billar. Se congregan en diferentes puntos de las vecindades para hablar sobre sexo, deportes, y para hacerse bromas unos a otros. Si hay un carro disponible o tienen dinero para el pasaje, pueden salir de Cataño. Los jóvenes adultos también carecen de facilidades recreativas en las comunidades. Sólo uno de los arrabales tenía un club de jóvenes, con algunas actividades a diferentes intervalos, de las cuales la mayor parte eran fiestas. Cualquier actividad en la vecindad, una fiesta en una casa, un mitín político, o un funeral, les proporciona distracción y oportunidad para congregarse. Los que cuentan con más dinero, tienden a irse fuera de la comunidad con más frecuencia, en busca de algo que hacer.

Aún cuando las madres protestan, las jóvenes también pasan bastante tiempo en la calle. Por lo general, andan en grupos de dos o más. Es menos común encontrar a una joven en un bar o un salón de billar, pero es posible que vayan a comprar algo para la familia.

Los varones adultos también pasan la mayor parte del tiempo en los bares y salones de billar; otros están mayormente en la casa viendo televisión, pasatiempo favorito de la gente de los arrabales y caseríos. Las mujeres adultas tienden a pasar gran parte del tiempo en la casa. Pocas mujeres van a los bares para beber con los hombres, pero todo arrabal tiene su cuota de mujeres independientes, que van a los bares.

Los grupos que se unen lo hacen de modo infernal, no están muy organizados y es relativamente fácil reunirlos. En cada grupo existen siempre uno o dos miembros, que ejercen algún tipo de liderato y a los cuales los demás respetan mucho como líderes de ideas. No hay grupos formales organizados que abarquen mucha gente en la comunidad. Algunos son miembros de partidos políticos, pero las reuniones no son frecuentes y la mayor parte de la actividad política se reserva para la época de elecciones; una parte considerable de la misma se lleva a cabo fuera de la vecindad. Los comités de ciudadanos cuando se organizan, interesan a poca gente. Los únicos grupos religiosos que tienden a desarrollar alguna solidaridad, son los Pentecostales y los miembros de la secta Mita,[16] que viajan a otro sector del área metropolitana para dar servicios religiosos y constituyen una mayoría en los arrabales de Cataño.

En general, la organización de los arrabales de Cataño, no tiene como base la formación de grupos formales y estables. Las relaciones se establecen entre los individuos, no entre grupos o entre un individuo y un grupo. La tendencia hacia las alianzas se define en términos de intereses y actividades comunes.

EL IMPACTO DE LA RENOVACIÓN URBANA

Cuando se efectuó la expropiación de Juana Matos y el gobierno aprobó la construcción de la primera parte del caserío Juana Matos, se diseñó un plan en gran escala para la renovación de la zona urbana y la eliminación de los «barrios pobres» de Cataño. Para llevar a cabo el proceso de expropiación, se dividió a Juana Matos en cuatro sectores. El impacto de la eliminación del arrabal se hizo sentir cuando los empleados de la agencia comenzaron a trazar mapas del área, calcular el costo de cada casa y marcar cada una de ellas con un número negro.

La mayoría de los residentes no estaba dispuesta a mudarse, por lo tanto, la agencia mudó primero a los residentes que ofrecieron menos resistencia y a los que deseaban dejar el arrabal. Se dejó para el último momento los casos más tenaces y a la gente que exigía una reevaluación de sus casas y mayores compensaciones. El proceso toma varios meses y, en ocasiones, uno o dos años. La destrucción de las casas, tiendas y otras estructuras da a la comunidad una atmósfera de decadencia, muy diferente a la vitalidad y actividad de la vida en el arrabal antes del proceso de expropiación. Cuando están demoliendo las casas, la gente queda aislada de sus vecinos; el sentimiento de aislamiento se complementa con el crecimiento de hierba en los lotes vacíos; y el problema de la lucha contra las plagas se agudiza al haber menos gente en los alrededores que mate las ratas y los insectos. Los caminos se cubren con hierba, ya que menos gente los recorre, y el gobierno municipal deja de proveer los pocos servicios públicos, aunque proporciona aún agua y electricidad. La vecindad se torna peligrosa cuando no hay vecinos cerca para vigilar una casa mientras los dueños están fuera y cuando es necesario caminar de noche a través de caminos sin luces ni casas. Los menos dispuestos a mudarse se ven obligados a irse, debido al deterioro de la vecindad. Dónde ha de ir la gente, depende de sus ingresos y aspiraciones. Los que cuentan con más dinero pueden comprar una casa en un sector del pueblo, donde hay disponible viviendas baratas y no existe la amenaza de expropiación; otros pueden ser elegibles para las viviendas de bajo costo, a través de un préstamo del gobierno. Los más pobres tienen que mudarse a un caserío, o a un sitio donde paguen un alquiler de acuerdo a sus ingresos, o a otro arrabal.

Tan pronto como se demarca un arrabal para la expropiación, los dueños de las casas cesan las constantes mejoras a las condiciones de las mismas. No rinde beneficios reparar una casa, si finalmente van a mudarlos de ahí. La renuencia del gobierno municipal, a invertir dinero en el mejoramiento de las calles y otras facilidades, también contribuye al deterioro del área. La mayor parte de la gente no lucha contra el gobierno. No existen movimientos exitosos para combatir la expropiación, y lo único que la gente obtiene como individuos nunca como grupo, consiste en una mayor compensación por la casa.

La expropiación de Juana Matos se realizó contra los deseos de la mayoría de los residentes. Aunque la decisión del gobierno no fue bien recibida y creó hostilidad hacia éste y los políticos locales, los residentes esperaron pasivamente el momento para mudarse. La hostilidad nunca se expresó en un movimiento organizado que tuviera éxito en detener la expropiación. Los intentos de combatir la decisión, nunca tuvieron suficiente poder para lograr el triunfo, y los residentes fueron manipulados por un partido que prometía la rehabilitación de los arrabales.

Varios estudios han documentado el rechazo, manifestado por los residentes de los arrabales, hacia el actual programa de eliminación de los «barrios pobres» y la construcción de caseríos en Puerto Rico. A la inmensa mayoría de la gente en los arrabales, no le agradan los caseríos y se mudan a ellos cuando no tienen otras alternativas. Aunque alguna gente expresa cierta satisfacción con los caseríos y está dispuesta a vivir en ellos, aún estas personas prefieren una unidad de vivienda sencilla; según demuestra Back (1962), en un estudio que trata de la aceptación y el rechazo de los caseríos, por parte de la gente que vive en arrabales:

> Es fácil describir el ideal de vivienda que se imagina nuestra población. Es un edificio de concreto para una familia, por lo menos con tres dormitorios y varias otras habitaciones, con facilidades sanitarias y un solar agradable. Esta descripción se asemeja a la representación estereotipada del nuevo edificio, que se ve en los anuncios y en los edificios por toda la isla (1962: 52).

Hollingshead y Rogler (1963: 242), describen una situación similar en su muestra de las familias de los arrabales y caseríos de San Juan:

> Los esposos y esposas en los caseríos y arrabales están tan seguros de lo que desean como de lo que no les gusta. Los pobladores de los caseríos no desean más y mejores caseríos; quieren un hogar propio. Las familias en los arrabales saben que viven bajo la sombra de la aplanadora. Si poseen sus casas o son alquiladas, es sólo una cuestión de tiempo, hasta que el gobierno demuela el arrabal donde viven. Estas familias también quieren un hogar propio, pero no en un caserío.
> ¿Qué clase de hogar desean los pobladores de los arrabales y caseríos? Los entrevistados parecen una sola voz al describir la

casa que desean. La casa debe estar en terreno alto, en un lote de cincuenta pies por cien. El lote debe estar en una calle pavimentada, con aceras, de modo que los camiones y los automóviles no lesionen o maten a los miembros de la familia. Debe haber fácil acceso a la transportación pública, médicos y un hospital. Debe haber patios de recreo para los niños en los alrededores. El lote debe estar cercado por una pared de cemento, suficientemente alta para proporcionar privacidad a la familia y protección a los niños.

La casa debe estar construida de concreto, con el piso cubierto por losas. No desean techos de hierro ondulado; el techo y el cielo raso deben ser preferiblemente de concreto reforzado. La cocina y el baño deben tener azulejos en las paredes. El interior debe estar dividido en cocina, área de sala y comedor, baño, amplio espacio de ropero y dos o tres dormitorios. Debe tener balcón y un patio trasero.

Estas familias quieren electricidad, debidamente instalada en la casa. Quieren facilidad de agua en sus casas, con fregadero en la cocina y lavamanos en el baño. También desean un sistema de alcantarillado subterráneo.

Las conclusiones sobre la casa ideal y las facilidades, expresadas por los investigadores mencionados, se pueden duplicar en cada arrabal y caserío de Puerto Rico. La gente que vive en Cataño expresa los mismos deseos y describe las casas del mismo modo. Hay casas en los arrabales de Cataño, que se acercan bastante a la casa descrita por la gente entrevistada por Hollingshead y Rogler. No difieren de la casa típica de las áreas suburbanas de clase media baja de Puerto Rico. Las constantes mejoras a las condiciones de las casas en los arrabales y las demandas de mejores facilidades sanitarias, también forman parte de esta misma actitud. Lo que quieren los pobladores de los arrabales y caseríos de Cataño es una casa buena, aún cuando les tome varios años construirla, y que el gobierno proporcione las facilidades sanitarias necesarias, sin forzar a la gente a mudarse fuera de sus áreas de residencia. También existe el deseo de comprar la tierra donde están ubicadas las casas, si el gobierno provee las facilidades de pago de acuerdo a los recursos de la gente.

Los datos de la muestra indican que 111 de los entrevistados vivían en el arrabal y 46 en el caserío. La respuesta de ochenta de los que viven en el arrabal fue que no les gustaría vivir en un caserío. A tres de ellos no les importaba, y sólo

30 expresaron su preferencia por un caserío, de los cuales 22 se mudarían a uno debido a las mejores facilidades sanitarias y a los alrededores más limpios. Aproximadamente tres cuartas partes de los residentes del caserío en la muestra, se mudaron allí porque se les había expropiado sus casas, o habían perdido las mismas en incendios u otros desastres.

Los problemas humanos implicados en la expropiación y lo que ésta cuesta a la gente de los arrabales, nunca se menciona en los informes de renovación urbana. La expropiación contribuye al sentido de impotencia e inseguridad del poblador del arrabal y además destruye su adaptación a ciertas condiciones. Las familias y los amigos se dispersan por diferentes áreas y su ayuda, en tiempos de necesidad se hace más difícil. Además la gente tiene que mudarse a áreas más lejanas del empleo y, de este modo, aumentan los gastos del trabajador. En los caseríos no permiten los pequeños negocios que florecen en el arrabal. Aunque últimamente se ha permitido la operación de ciertas pequeñas tiendas en algunos caseríos, en los de Cataño no se habían establecido durante el período de investigación, y aún cuando se les autoriza están sometidos a varias normas. Las normas impuestas por la administración de viviendas públicas, están en pugna con las obligaciones de proveer alojamiento a parientes y amigos. La administración es muy estricta en cuanto al número de personas por apartamento y quiénes viven allí; se somete a inspecciones a los inquilinos y siempre habrá vecinos, que informan a la administración sobre la infracción de tales normas. El hecho de que se reúnan extraños a residir juntos, hace aún más difícil el cumplimiento de las pautas y el control social desarrollados por la gente que ha estado viviendo en el arrabal.

Uno de los problemas principales del caserío es que hay que pagar alquiler y, si no se paga con regularidad, se desahucia a las familias. Para la gente cuyos empleos son inseguros y no pueden garantizar un ingreso permanente y estable, la amenaza de desahucio y la posibilidad de estar sin un lugar para vivir son una fuente de inseguridad y descontento.

Los caseríos muestran una dinámica inversa a la de los arrabales; en lugar de mejorar a través del tiempo tienden a deteriorarse, y las familias que viven allí no se encargan de hacer ninguna contribución para el mantenimiento de los edificios. El propietario es una institución distante llamada el gobierno y los inquilinos no se sienten responsables de mantener el área en buenas condiciones. Los administradores y otros intermediarios no viven en el caserío y existe poca comunicación entre el administrador y el inquilino. El administrador es, la mayor parte del tiempo, una figura despreciada que impone normas y desahucia a la gente.

La vivienda de apartamento también está en pugna con el sentido de privacidad de la gente del arrabal. Aunque las casas están bien cerca unas a otras y el ruido de una de ellas se escucha en todas las demás del arrabal, el poblador considera su casa como un lugar donde se puede obtener privacidad. La cerca alrededor de la casa mantiene a los niños dentro y a otra gente fuera. El dueño se siente seguro y considera la casa y el pequeño patio como su territorio, incluso en los casos donde la cerca no mantendría a nadie fuera. En el caserío se rompe ese sentido de privacidad cuando todos los inquilinos en el edificio, utilizan el mismo pasillo y las mismas escaleras. Por lo general, las puertas en los caseríos están cerradas, mientras en los arrabales están abiertas cuando la gente está en la casa y sólo se cierran cuando las personas salen o se retiran a dormir.

Aún se construyen caseríos, a pesar de los muchos problemas a los cuales se enfrentan sus residentes, de las constantes críticas de los científicos sociales y los planificadores,[17] y de la oposición del habitante de arrabal a vivir en los mismos. Los criterios utilizados responden a las decisiones que se toman sin consultar a los pobres de zona urbana. El plan es eliminar los arrabales, que continúan creciendo a pesar del programa de renovación.

La falta de poder de los residentes de los arrabales y el hecho de que no están organizados para combatir la renovación urbana, facilita su traslado del área. Las decisiones para eliminar sus casas responden a los criterios de la clase media, criterios según los cuales se debe eliminar los arrabales. Cuando se fuerza a la gente a salir del área, la tierra se utiliza para otros fines, ya sea unidades residenciales de alto costo, fábricas o establecimientos comerciales. Nunca fue posible descubrir cuál sería el destino de la tierra donde está ubicado Juana Matos.

Ciertos rumores indicaron que allí habrían de construirse fábricas y centros comerciales. Lo cierto es que, para Juana Matos o los otros arrabales en Cataño, al presente, no se prevé ninguna rehabilitación de las comunidades ni la venta de la tierra a los antiguos residentes. Mientras tanto, crecen otros arrabales fuera del municipio, y las familias de Juana Matos se están mudando allí. La segunda sección del nuevo caserío está en construcción y la aplanadora continúa la demolición de las casas en el arrabal, mientras la gente espera su turno para irse.

IV. EL COMPORTAMIENTO POLÍTICO

El propósito de este capítulo es analizar la participación de los pobres de zona urbana, en el sistema político del Puerto Rico contemporáneo, y situar su comportamiento dentro del contexto de la sociedad más amplia. Los arrabales y caseríos de Cataño proporcionan el marco, y las elecciones de 1968 proveen la situación social [1] para el análisis del comportamiento político. La intención no es hacer una generalización acerca de toda la población que vive en comunidades urbanas de bajos ingresos; sin embargo, las conclusiones derivadas de la investigación tienen algunas implicaciones teóricas, que podrían ser útiles para la comprensión de ciertas tendencias en la política de Puerto Rico. Mi estudio en los arrabales y caseríos de Cataño es un intento de medir los diversos niveles de participación en los asuntos políticos y explicar la naturaleza del comportamiento político en un sector de los pobres de zona urbana.

Aún cuando existen ciertas diferencias en el ingreso, el nivel de vida y los valores entre los residentes de los arrabales y caseríos (especialmente los primeros), a la gran mayoría de ellos se puede considerar relativamente pobre cuando se los compara con otros sectores de la sociedad urbana en Puerto Rico. El proceso de urbanización en el área metropolitana de San Juan tiende a segregar a la gente de acuerdo a sus ingresos. Los individuos o las familias que ganan menos de siete mil dólares anuales no pueden obtener un préstamo para adquirir una casa en una vecindad de clase media baja. Como resultado, las familias más pobres en el área de San Juan se concentran en los arrabales y caseríos.

A pesar de la diferenciación interna de los arrabales, y en un grado menor de los caseríos, los residentes se enfrentan a problemas comunes. Las familias con ingresos más altos que el promedio constituyen una minoría en los arrabales y comparten con los más pobres un interés común en conservar los arrabales, así como su aversión hacia los caseríos. Los residentes de los arrabales y caseríos ocupan el escalón más bajo de la jerarquía socioeconómica, si se les compara con otros sectores de la población urbana en esta sociedad. A la gran mayoría de los residentes de estas comunidades se les puede llamar pobres de zona urbana como haré en el resto de este trabajo.

Contrario a otras sociedades, donde puede concluirse que los pobres de zona urbana y otros grupos marginales no tienen gran participación en las elecciones nacionales (Véase Capítulo I), los puertorriqueños pobres de zona urbana presentan una participación relativamente alta en las elecciones. Investigaciones recientes acerca del comportamiento electoral en Puerto Rico (Aldarondo 1968), demuestran que la participación en las elecciones es relativamente alta para todos los sectores de la sociedad, incluso para los residentes de los arrabales y caseríos. En su análisis de los resultados de tres elecciones, Aldarondo demuestra que la abstención electoral fue de un 25,0 por ciento en las elecciones de 1956, un 23,7 por ciento en 1960, y un 24,4 por ciento en 1964. El estudio también indica que la abstención electoral entre los residentes de los arrabales y caseríos no es significativa, a pesar de haber sido más baja todo el tiempo (Tabla 18).[2]

Según se analizó en el Capítulo I, la pregunta principal es por qué los pobres de zona urbana en Puerto Rico participan en las elecciones, para votar por candidatos que no representan los intereses de los grupos de bajos ingresos en esta sociedad. Las explicaciones prevalecientes que se ofrecen en Puerto Rico orientadas por la tesis de Lewis (1966 b), afirman que los pobres de zona urbana son conservadores políticamente (Maldonado Denis 1969). Aunque nunca se explican la naturaleza y las razones para este supuesto conservadurismo, la tendencia ha sido considerar a los pobres de zona urbana como aliados de los grupos que controlan el poder económico y político de esta sociedad. Mi argumento plantea que el comportamiento político de estos grupos, en especial el comportamiento electoral, debe analizarse en el contexto de: su posición estructural en la sociedad puertorriqueña; la ausencia de conciencia de clase y su percepción de los partidos, en términos de cuáles prometen (y pueden estar en posición de darles) el mejor pacto. Para aclarar los planteamientos anteriores, examinaré en este capítulo los problemas políticos en los arrabales y caseríos de Cataño, y los diferentes niveles de participación de sus residentes.

LAS ELECCIONES EN CATAÑO

Pre-campaña

La dinámica del período de pre-campaña en Cataño durante 1968, presentó las mismas tendencias que se habían examinado respecto de la situación política a nivel insular. El liderato del PPD inició el año electoral preocupado por los resultados del plebiscito en sus áreas. El concepto de estadidad ganó en Cataño por 166 votos de 6.705 y por lo general, tanto los líderes de los *populares* * como los *Estadistas Unidos,** aceptaron que esto respondía a un voto de protesta contra el PPD y la administración municipal. La estrecha identificación del partido con la fórmula de la condición política del Estado Libre Asociado formaba parte de la ideología de los líderes y seguidores, en especial entre los residentes de los arrabales.

Como resultado, un grupo de populares, miembros del comité municipal, expresaron su descontento para con el alcalde y el presidente del partido, a quienes culpaban de la pérdida de votos en el plebiscito y por tal razón, buscaron un nuevo liderato que pudiera fomentar más respaldo y reorganizar los diferentes sub-comités en el área. Se eligió una presidenta con el apoyo de la facción que estaba en contra del alcalde. Muchos miembros del comité municipal consideraron que la presidenta electa, entrenada en la maquinaria política de la ciudad de San Juan, era bastante activa y contaba con el conocimiento polí-

TABLA 18

DISTRIBUCION RESIDENCIAL DE LOS VOTANTES PARA LOS AÑOS 1956, 1960 y 1964

Area	1956 Número de casos	Votantes	Porciento	1960 Número de casos	Votantes	Porciento	1964 Número de casos	Votantes	Porciento
Ciudad	598	474	79	648	519	80	739	564	76
Caserío o Pueblo	286	232	80	360	277	77	418	318	76
Arrabal	200	153	76	208	160	76	238	173	73
Campo	798	651	81	887	724	82	994	794	80
Parcelas	153	134	87	201	176	87	243	209	86

FUENTE: Aldarondo (1968: 22). El autor no incluye las personas que no podían votar por razones legales. Esta es una reproducción de la Tabla 13 del informe de Aldarondo.

tico necesario para atraer partidarios. Con el respaldo de los líderes muy conocidos, la nueva presidenta del PPD se involucró en los asuntos de la comunidad y los problemas a los cuales se enfrentaban las diferentes vecindades, tanto en los arrabales como en las áreas de clase media. Organizó comités de ciudadanos, que podrían utilizarse como grupos de presión para obtener más ayuda de las autoridades gubernamentales (tanto a nivel individual como comunal) y conseguir partidarios para su candidatura a la alcaldía. Su enfoque incluyó frecuentes visitas a los arrabales y a los líderes del área para atraerlos, mientras fomentaba su imagen de bienhechora en constante interacción con la gente. La organización de una protesta y una línea de piquetes en una escuela, donde las condiciones sanitarias estaban por debajo de un mínimo aceptable, presenta un ejemplo de su enfoque. Estudiantes, maestros y padres se le unieron para exigir la fumigación de la escuela y las áreas vecinas, y así deshacerse de los mosquitos que hacían la vida insoportable a la población de la escuela. Un miembro de la legislatura insular, controlada por los populares, fue a Cataño y se dirigió a los manifestantes, que suspendieron la demostración cuando se les prometió que habrían de fumigar y limpiar los alrededores de la escuela. La participación de la presidenta en la manifestación es un ejemplo de su enfoque: ocuparse de los problemas inmediatos y estar en estrecho contacto con la gente. Las quejas principales de los residentes de los arrabales en contra del alcalde se debían a que éste no dedicaba suficiente atención a sus problemas y ni siquiera visitaba las vecindades. El comportamiento de la nueva presidenta del partido, con constantes visitas a los diferentes sectores y la participación en los asuntos de la comunidad, estaba ayudándola a conseguir respaldo de algunos líderes del partido y de los ciudadanos que formaban parte de las organizaciones políticas.

La lucha por el poder a nivel municipal dividió a los populares en dos facciones: una apoyaba al alcalde y la otra a la nueva presidenta del partido. Algunos individuos no embanderados esperaban los resultados de la lucha por el control del partido para unirse al grupo triunfador. Eran individuos que apoyarían a cualquiera dentro del partido para asegurar la continuación del control político del PPD en Cataño, y otros que buscaban puestos, pero cuidadosos de no involucrarse en la lucha hasta que se resolviera, para así unirse a la facción vencedora.

Cuando los tres candidatos a la gobernación anunciaron sus candidaturas, los miembros de los comités se sub-dividieron debido a la controversia a nivel insular y surgieron cuatro facciones, como sigue:

1. Partidarios de Negrón López y el alcalde
2. Partidarios de Negrón López y la presidenta del partido
3. Partidarios de Sánchez Vilella y el alcalde
4. Partidarios de Sánchez Vilella y la presidenta del partido

El alcalde, que comenzó como partidario de Sánchez Vilella, cambió su posición y se unió a la línea del partido que apoyaba a Negrón López. Como resultado el alcalde perdió el respaldo de los partidarios de Sánchez Vilella, que se unieron a la presidenta. Aunque la presidenta era abiertamente pro-Negrón López, el grupo de Sánchez Vilella estuvo de acuerdo con sus críticas al comportamiento del alcalde como administrador municipal. A consecuencia de ello, los miembros del comité municipal se embanderaron en tres facciones:

1. Partidarios de Negrón López y el alcalde
2. Partidarios de Negrón López y la presidenta
3. Partidarios de Sánchez Vilella y la presidenta

La elección de delegados a la convención del PPD en julio, contribuyó a aumentar los conflictos en el comité municipal. Ninguno de los partidarios de Sánchez Vilella fue electo delegado, y alegaron que las reuniones se habían organizado para excluirlos. Después de la convención abandonaron el PPD y las facciones se redujeron a los partidarios de Negrón López y el alcalde, y a los de Negrón López y la presidenta.

Las primarias para la alcaldía y el escaño en la Cámara de Representantes constituyeron la próxima fuente de conflicto. Cuatro miembros del partido anunciaron sus candidaturas: el alcalde incumbente, la presidenta del partido, y dos miembros del comité municipal. El vicepresidente era fuerte partidario de Negrón López y el alcalde, mientras la segunda, nueva en la política, fue respaldada por elementos de la clase media y por los partidarios de la presidenta, tanto en las áreas de clase media como en los arrabales. Las primarias se celebraron un domingo lluvioso y se abrieron los colegios electorales en algunos sectores del municipio. El alcalde y el vicepresidente ganaron la candidatura a los respectivos puestos, aún cuando entre un cuarenta y un cincuenta por ciento de los populares no votaron en las primarias. Los miembros de la facción II se retiraron de la campaña electoral, algunos continuaron como populares, y uno se unió al PNP pocos días antes de las elecciones. Las primarias debilitaron la organización del partido. La presidenta renunció y abandonó el pueblo, mientras los subcomités en los diferentes sectores perdieron miembros activos, que se disgustaron con los resultados de las primarias. Hacia finales de agosto habían desaparecido las facciones en el PPD a nivel municipal. El alcalde y el vicepresidente controlaban lo que quedaba de la organización del partido en su municipio, mientras los otros dos candidatos a la alcaldía se les unieron en la campaña, aunque uno en cierto momento se inclinó a seguir a los *robertistas*.* Algunos de sus oponentes, miembros aún eran populares, se tornaron inactivos, otros se cambiaron al PNP y al PP.

Nunca pude determinar con exactitud por qué la presidenta del partido perdió las primarias. Mi trabajo de campo comenzó una semana después de las primarias y cuando adquirí suficiente conocimiento acerca de la situación política, la campaña había llegado a su apogeo y resultó difícil reconstruir lo que había pasado en las primarias. Sin embargo, hay que considerar tres factores para realizar una valoración de las primarias. Las fuertes lluvias hicieron difícil que los votantes fueran a las urnas que se abrieron en algunos sectores del municipio y, tal vez, muchas personas se cansaron de la lucha por el poder dentro del partido y se abstuvieron de votar.

Para entender la dinámica del período de pre-campaña en Cataño, es necesario establecer una distinción entre las cuestiones que interesaban a la mayoría de los votantes y los asuntos que eran pertinentes para el liderato del PPD, en la que sólo estaban involucrados los miembros más activos del comité y de los sub-comités. Aunque muchas personas conocían los conflictos dentro del liderato, no se interesaron por los mismos. Su interés principal era el fracaso de la administración municipal al no poder hacer frente a los problemas confrontados por los residentes del área, especialmente en los arrabales. Estos querían una buena administración que pudiera proveer empleos, buenos servicios médicos, protección contra las inundaciones y proyectos para reparar las calles. Aunque un sector del liderato del PPD sabía que el contacto directo con la gente era necesario para ganar las elecciones, el grupo que obtuvo el control del partido después de las primarias se enajenó de las masas y representó el fracaso de la administración municipal. Por otro lado, confiaban en que contaban con suficientes votos para ganar las elecciones y descartaron toda crítica. Los críticos o abandonaron el partido o se abstuvieron de participar, y el liderato se aisló de los que expresaban la posibilidad de perder las elecciones.[3]

Mientras los populares se ocupaban de la lucha por el poder, el PNP construía una fuerte organización. El presidente del comité municipal era un antiguo miembro del PPD, que había sido alcalde, auditor municipal y miembro de la Cámara de Representantes. Tenía conciencia de la importancia de una organización sólida en todos los sectores del precinto, y además conocía bien la reacción de los residentes de los arrabales en cuanto a los asuntos políticos.

El PNP atrajo a los seguidores del PER, además de los populares disgustados y de otros dispuestos a votar por un partido que tenía la posibilidad de ganar las elecciones o convertirse en una oposición fuerte. Como un partido nuevo, abrió las puertas para la participación de los individuos que no pudieron ganar acceso a las posiciones de liderato en el PPD.

Aunque la lucha por el poder entre el presidente del partido y el candidato a alcalde afectó también al PNP en Cataño, las dos facciones fueron capaces de unirse durante la campaña electoral y presentarse como miembros de un partido unido y fuerte. Cuando la nueva administración tomó el poder en enero de 1960, el conflicto entre las dos facciones estalló y la desavenencia continuó creciendo durante el período de mi investigación.

Los partidarios de Sánchez Vilella que dejaron el PPD después de la convención constituyeron el núcleo organizador del *Partido del Pueblo*.* El nuevo partido abrió también sus puertas a los individuos que se habían retirado de la política activa y a los jóvenes que estaban adquiriendo la experiencia de convertirse en políticos. La mayoría de los miembros del comité municipal habían sido afiliados del PPD, y eran principalmente personas de clase media y orientadas hacia un buen gobierno y reformas. Los maestros de escuela constituyeron el grupo ocupacional más grande en la organización. Organizaron subcomités en los diferentes arrabales y sectores del municipio, siguiendo de cerca la organización del PPD. En un arrabal todo el sub-comité de los populares se unió al PP.

El PP no estaba exento de competencia por el liderato, pero la presidenta del partido fue capaz de mantener un control estrecho de la organización principalmente porque muchos de los miembros capaces de retar su poder, comenzaron a perder interés en el partido cuando se dieron cuenta de que no era el fuerte movimiento popular que habían imaginado. La presidenta y un pequeño grupo en torno suyo llevaron a cabo la labor de la campaña.

Los otros dos partidos en competencia, el PIP y el PER, eran menos importantes, contaban con un liderato viejo, una organización ineficiente y no tenían un respaldo significativo entre el electorado.

La campaña

La campaña en los precintos electorales de Puerto Rico está coordinada con el comité central de cada partido. El liderato de los comités central o insular determina los temas de la campaña que, por lo general, se formulan en el programa del partido. La campaña está diseñada con la ayuda de agencias publicitarias financiadas mediante recaudaciones, donaciones de los simpatizantes y miembros y, en parte, con el fondo electoral. En los precintos y municipios, el liderato de los comités planifica la campaña local siguiendo las líneas generales de propaganda previstas en el comité central, a las cuales se incorporan los asuntos locales. El comité central se encarga de la campaña a través del radio, la televisión y los periódicos, a pesar de que fuera del área metropolitana de San Juan es común para los precintos patrocinar los programas de radio locales. El comité central provee a los recintos de hojas sueltas y carteles para mantener cierta uniformidad en la dirección de la campaña. De este modo, cada comité local tiene libertad para diseñarlos y distribuirlos en sus respectivas áreas, y una razón común para no hacerlo es la falta de fondos suficientes. Los comités locales determinan cuántos mítines desean, cuándo celebrarlos y los oradores principales. Se organizan dos tipos de mítines: reuniones secundarias en diferentes sectores del área bajo la jurisdicción de cada comité, en las que los oradores principales suelen ser líderes locales asistidos por líderes del partido de un segundo nivel; y mítines en masa en un punto estratégico, por lo general en la plaza del pueblo, en los que los líderes insulares más importantes de cada partido son los oradores principales. Es común para el candidato a la gobernación estar presente como la principal atracción del mitin. Los mítines masivos son pocos; algunas veces se celebra sólo uno en cada pueblo, ya que requieren gran esfuerzo de organización para ser exitosos. Hay que invitar a las personas y transportarlas desde sus pueblos para asegurar gran asistencia, ya que los mítines se utilizan para demostrar el poder del partido, más bien que para comunicarse con el electorado.[4]

La campaña electoral se inauguró oficialmente en Cataño el 26 de julio con un mitin, patrocinado por el PNP, frente al caserío nuevo, y terminó el 2 de noviembre después de noventa y siete días de campaña, con un mitin del PIP en la *plaza* * del pueblo. Por lo general, los mítines secundarios se anunciaban en el sector específico del pueblo donde se celebraron, mientras los más grandes se anunciaban varios días antes en todo el municipio y en las áreas cercanas. El PNP celebró dos mítines importantes en Cataño donde figuró el candidato a gobernador como el orador principal. Hubo una asistencia promedio de alrededor de mil personas. El PPD celebró dos mítines; en el primero estuvo presente el candidato a comisionado residente en Washington. La asistencia fue relativamente escasa, cerca de 200 personas incluyendo los que molestaban, simpatizantes del PNP. En el segundo, celebrado para cerrar la campaña, calculé entre 800 y 1.000 personas, pero cerca de 200 eran simpatizantes del PNP, que interrumpieron el mitin, tiraron huevos a los diferentes oradores, incluso a Negrón López, y forzaron a Muñoz Marín a abandonar Cataño sin dirigirse a la multitud. Los seguidores del PNP estaban en un estado de ánimo violento y se produjeron varias peleas durante la noche. El PP celebró su mitin en la plaza con la presencia de Sánchez Vilella, mientras el PIP llevó a cabo uno al cual no asistieron más de cien personas, y el PER efectuó sólo uno, que pasó desapercibido porque se celebró la misma noche del último mitin del PNP.

En adición a los mítines, los voluntarios de los partidos distribuyeron hojas sueltas. En algunos sectores los repartieron de casa en casa y en dos ocasiones los lanzaron desde un aeroplano pequeño. Se colocaron carteles en las paredes, los árboles, postes de alumbrado y puentes. Se desplegaron estandartes en varias calles y las casas estaban decoradas con las banderas de los diferentes partidos. Los automóviles estaban también decorados con carteles y letreros engomados. Cada partido exhibió ampliamente sus símbolos. La palma de coco del PNP, la pava del PPD y el sol naciente del PP fueron los más destacados.

Los edificios donde estaban localizadas las oficinas de los partidos estaban abiertas todas las noches. Además de llevar a cabo el trabajo relacionado con los procedimientos electorales, las oficinas servían como lugares de reunión para conversar, jugar a las cartas y al dominó y como un centro donde se transmitían discursos y las canciones de los partidos a través de altoparlantes. El PNP fue el partido que más ruido hizo durante la campaña en Cataño. Sus canciones eran tan populares y atractivas que por varios meses se convirtieron en parte de la vida diaria. Era común escuchar a la gente cantarlas, al mismo tiempo que los líderes del PNP tenían altoparlantes en sus carros tocando las canciones, mientras recorrían el municipio.

Otro aspecto importante de la campaña de 1968 en Cataño, y en todas partes de Puerto Rico, consistió en que la gente hablaba constantemente sobre los problemas políticos. En los bares, las esquinas de las calles y en los autobuses siempre había alguien exponiendo su punto de vista sobre la situación política y discutiendo los méritos del partido y de los líderes de su predilección. Por lo general, los choferes de carros públicos en Cataño eran fieles partidarios del PNP, y constituían una fuente constante de propaganda para una audiencia cautiva. Esta campaña informal de individuos politizados que jugaban un papel importante, debe considerarse parte de la situación social generada por la campaña electoral y, probablemente, resultó efectiva como fuente de información para el electorado.

Los líderes de los partidos en cada sector (especialmente los del PNP que eran más numerosos, más activos y mejor organizados) tenían a su cargo esta campaña de persona a persona; visitaban a la gente en sus hogares y les hablaban en las esquinas de las calles, bares y tiendas. Siempre consideraron que éste era el modo más efectivo para ganar seguidores y obtener votos. El presidente del comité municipal del PNP y su candidato a alcalde visitaban también con regularidad cada arrabal y sector del pueblo para hablar a la gente de modo informal. Los otros partidos no contaban con suficientes miembros para dedicarse a este acercamiento personal de campaña política. Los líderes del PNP incluso visitaron enfermos y asistieron a funerales. Al hablar a los votantes les prometieron empleos, les explicaron la plataforma del partido y prestaron atención a las quejas de la gente. El liderato del PPD no estuvo activo al nivel de vecindad y en algunos sectores se había unido a otros partidos y, como resultado, el PPD no fue capaz de competir con el PNP y este acercamiento personal. El PER y el PIP tenían pocos miembros y un liderato viejo, mientras los líderes del PP eran principalmente individuos de clase media a quienes resultaba difícil estar en contacto con la gente en los arrabales, donde vivían la mayoría de los votantes. Sólo un líder del PP visitaba los diferentes sectores de Cataño durante las primeras semanas de la campaña, y en sus visitas hablaba a la gente en los bares y en las esquinas de las calles. Otros que eran capaces de hacerlo, estaban disgustados con su partido y se abstuvieron de una participación más activa.

La necesidad de un cambio fue también el tema principal de las elecciones en Cataño. Aunque la preocupación principal de la mayoría de la gente en el municipio era respecto a los problemas locales, existía una correspondencia estrecha entre los asuntos locales y los insulares en la campaña desarrollada por el PNP. Los asuntos insulares expresados a nivel local eran: desempleo, adicción a drogas, servicios médicos inadecuados, el programa de renovación urbana y el pago de alquiler en los caseríos. Los asuntos locales incluían las condiciones de calles y callejones, frecuentes inundaciones y la necesidad de un cambio en la administración municipal, que mucha gente considera ineficiente e indiferente de las necesidades de la población. Los problemas locales tenían suprema prioridad entre el electorado, especialmente en los arrabales donde el programa de renovación urbana estaba difundido en todo el municipio, incluyendo a los niños que olían pega, y la población se preocupaba por las consecuencias de tener en su seno un gran número de adictos. En el Centro Médico siempre escaseaba el personal y la gente se quejaba de las largas esperas y la falta de medicamentos. Culpar al alcalde era práctica común, aunque el liderato local del PNP estableció la relación entre el comportamiento del primero y la decadencia del PPD. Los populares desencantados con la administración municipal estaban más inclinados a culpar al alcalde que al partido.

El PNP, siguiendo la política adoptada en su campaña insular, prometió algo a cada cual. Su candidato a la alcaldía, en el primer mitin del partido, hizo veinticinco promesas:

1. La construcción de un dique para proteger al pueblo de las mareas altas.
2. Ocuparse del problema de las inundaciones en diferentes sectores y canalizar el curso del agua que cruza el municipio.
3. Mejorar las relaciones entre las escuelas y la adminis-

tración municipal para combatir la delincuencia juvenil.
4. Abrir bibliotecas en cada sector.
5. Crear una oficina de empleos dependiente de la oficina del alcalde para combatir el alto índice de desempleo.
6. Crear una división local de la Junta de Planificación de Puerto Rico.
7. Rehabilitar los arrabales.
8. Asignar fondos para ofrecer becas a los estudiantes pobres.
9. Veinticuatro horas de servicio médico con el personal adecuado.
10. Instalar teléfonos públicos en todos los sectores del municipio.
11. Eliminar los charcos de agua estancada.
12. Construir otro parque atlético.
13. Mejorar la numeración de las casas y el sistema de dar nombre a las calles.
14. Ayudar a los pequeños comerciantes.
15. Construir nuevas carreteras y mejorar las existentes.
16. Crear una cooperativa de vivienda para servir a la gente que no poseía casa propia o vivía en estructuras inadecuadas.
17. Mejor transportación pública para los estudiantes.
18. Organizar un homenaje a los ancianos una vez al año.
19. Distribuir regalos en Navidad para los pobres.
20. Crear una banda municipal.
21. Eliminar el petróleo de la Bahía de San Juan y la playa de Cataño.
22. Limpiar la playa y plantar árboles para atraer a los turistas al pueblo.
23. Sembrar árboles y arbustos en las calles y plazas.
24. Aumentar los salarios de los empleados municipales.
25. Crear un comité de ciudadanos para ocuparse del problema de la adicción a drogas.

Trece de las promesas de campaña mencionadas eran de mayor interés que las otras para los residentes de los arrabales (números: 2, 5, 7, 8, 9, 10, 11, 13, 15, 16, 17, 24, 25). El PNP recalcaba también que su partido estaba dedicado a los pobres y los humildes, y los líderes locales se presentaron siempre como individuos preocupados por la pobreza y la privación. Las pocas familias pudientes en Cataño eran también partidarias del PNP. La coalición entre la clase superior y el pobre resultaba obvia en Cataño, y se encontró también en el área metropolitana de San Juan durante las elecciones de 1968 (Quintero, 1970).

El PPD no podía responder adecuadamente a las promesas del PNP, y el tema de campaña de los populares consistió en recalcar su historial de buen gobierno, el progreso económico y el mejoramiento del nivel de vida, logrados durante sus veintiocho años de gobierno.

Los seguidores del PP continuaron su campaña basada en el establecimento de un goberno honesto y democrático, sin promesas bien definidas, mientras los líderes del PER y el PIP se limitaron a hablar sobre la estadidad o independencia como la única solución de los problemas que afectan a la población.

El apoyo arrollador recibido por el PNP en Cataño (Tabla 19), excedió las expectativas de los líderes locales que esperaban ganar por un margen estrecho. Votar por ese partido, independientemente del hecho de que el liderato insular superior consistía de conservadores y ricos, era la única alternativa para los residentes de los arrabales, que estaban cansados de las manipulaciones de los populares. Constituía un voto de protesta en contra de la administración municipal, la pobreza del municipio, los servicios públicos inadecuados, el desempleo y el programa de renovación urbana.

TABLA 19

EL COMPORTAMIENTO ELECTORAL DE LOS VOTANTES EN CATAÑO Y EN LA MUESTRA EN LAS ELECCIONES DE 1968 [1]

Partido político	Población [2] (Votantes del municipio) Número	Porciento	Muestra [3] Número	Porciento
PNP	4.909	54,8	62	52,5
PPD	2.651	29,6	43	36,4
PP	848	9,5	6	5,1
PIP	245	2,7	2	1,7
PER	38	0,4	0	0
Papeletas mixtas	272	3,0	2	1,7
Ninguna información disponible	0	0	3	2,5
Totales	8.963	100,0	118	100,0

1. No tengo intención de comparar los resultados de la elección municipal con los datos obtenidos en la muestra. La población (votantes inscritos en el municipio) comprendía sectores medios que no se incluyeron en la muestra.
2. 3.048 personas no votaron en las elecciones (25,4 %).
3. 39 individuos, o el 24,8 % no votaron.

LA PARTICIPACIÓN POLÍTICA

En Puerto Rico, el concepto de miembro de un partido es confuso. Si se pregunta al respecto, la gente, por lo general, contestará que pertenece al partido por el cual votó en las elecciones pasadas o al partido por el cual piensa votar. Los partidos políticos consideran como sus miembros a los individuos inscritos con ellos de acuerdo al censo hecho antes de cada elección general. En sentido estricto, la mayoría de las personas son votantes y/o simpatizantes, pero la militancia en un partido se limita a un grupo relativamente pequeño de líderes a diferentes niveles (insular, municipal, vecinal), y a los militantes importantes que son los miembros de los comités en los precintos electorales y los sub-comités vecinales. El concepto de miembros inscritos no existe, y por lo general los miembros de los comités son aquellos que hacen contribuciones económicas regulares, o ayudan a recaudar fondos para los partidos.[7] Se moviliza a trabajar para los partidos a una minoría, corrientemente los miembros de los comités y algunos otros durante los años electorales, al igual que en los períodos de actividad política menos intensa.

La matrícula del partido, según se utilizó el concepto en este estudio, se refiere sólo a los miembros de un comité o un sub-comité. Además de ser miembro, hay diferentes grados de participación en las actividades políticas. Los diferentes niveles de participación política en la muestra de los arrabales de Cataño, se indican en la Tabla 18.

La actividad con la frecuencia más baja es la que requiere un máximo de compromiso en las actividades políticas: ser miembro de la organización de un partido. Votar constituye el segundo tipo más común de participación mientras se encontró que estar interesado por los resultados de la elección era el tipo de participación más frecuente. Los tres tipos de participación con la frecuencia más alta son los que no requieren compromiso público con un partido.

Las ocho categorías de participación en la política se establecieron de acuerdo a su importancia en los arrabales de Cataño y para complementar mis observaciones hechas durante el período pre-electoral. No se preguntó a las personas si hablaban con otras sobre política porque mis observaciones me permitieron saber que la gente hablaba acerca de los acontecimientos locales e insulares y tenía opinión sobre varios asuntos. Por otro lado, la importancia de la televisión durante las elecciones de 1968 (Ramos, 1970) hizo necesario preguntar a los entrevistados si habían observado programas políticos, especialmente dado que los aparatos de televisión son casi universales.

El hecho de que la actividad número 1 (observar y escuchar los resultados de la elección) es la más frecuente, no resulta sorprendente cuando se ve dentro de la dinámica del día de elección en esta sociedad. La atmósfera de competencia, que es tan característica de las elecciones de Puerto Rico, fomenta el interés de la población por informarse acerca del progreso de los resultados de la votación.

Al estudiar la Tabla 20, encontramos los tipos de participa-

TABLA 20

TIPO DE PARTICIPACION EN LA POLITICA DURANTE EL AÑO ELECTORAL DE 1968 MUESTRA DE LOS ARRABALES Y CASERIOS DE CATAÑO

Tipo de participación	Participaron Número	Porciento	No participaron Número	Porciento
1. Escucharon u observaron los resultados de las elecciones	122	77,7	35	22,3
2. Votaron	118	75,2	39	24,8
3. Observaron programas políticos televisados	100	63,7	57	36,3
4. Asistieron a mítines	73	46,5	84	53,5
5. Desplegaron banderas o estandartes de un partido en la casa	62	39,5	95	60,5
6. Asistieron a reuniones de los comités de los partidos	39	24,8	118	75,2
7. Trabajaron para el partido	9	5,7	148	94,3
8. Miembro de un comité y sub-comité de partido	7	4,5	150	95,5

Cuando los votantes y los no votantes se comparan en términos de su participación en otras actividades políticas (Tabla 21), se puede observar que los primeros participaron más que los no votantes en todas las actividades, excepto una: observar los programas políticos televisados.

ción o actividades que suponen mayor interés y compromiso respecto de las más discriminantes porque separan a los individuos más activos de los otros. Como era de esperar, sólo una pequeña minoría tomó la parte más activa en los asuntos políticos, según resulta por el número de miembros en los comités o en su trabajo como voluntarios para los diferentes partidos políticos. Los no votantes no participaron en estas dos actividades.

La mayoría de los individuos entrevistados que observaron programas políticos televisados vieron programas de más de un partido político (44 personas), mientras veinticuatro sólo vieron programas de un partido, veintiocho observaron programas de todos los partidos participantes.

TABLA 21

TIPOS DE PARTICIPACION EN LA POLITICA DURANTE EL AÑO ELECTORAL DE 1968 COMPARACION ENTRE LOS VOTANTES Y LOS NO VOTANTES. MUESTRA DE LOS ARRABALES Y CASERIOS DE CATAÑO

	Votantes				No votantes			
	Participaron		No participaron		Participaron		No participaron	
Tipo de participación	Núm.	Por-ciento	Núm.	Por-ciento	Núm.	Por-ciento	Núm.	Por-ciento
1. Escucharon u observaron los resultados	98	83,1	20	16,9	24	61,5	15	38,5
2. Votaron	—	—	—	—	—	—	—	—
3. Observaron programas políticos televisados	75	63,6	43	36,4	25	64,1	14	35,9
4. Asistieron a mítines	64	54,2	54	45,8	9	23,1	30	76,9
5. Desplegaron banderas o estandartes de un partido en la casa	49	41,5	69	58,5	13	33,3	26	66,7
6. Asistieron a reuniones de los comités de los partidos	33	28,0	85	72,0	5	12,8	34	87,2
7. Trabajaron para el partido	9	7,6	109	92,4	0	—	0	—
8. Miembro de un comité de partido o subcomité	7	5,9	111	94,1	0	—	0	—

NUMERO DE ACTIVIDADES

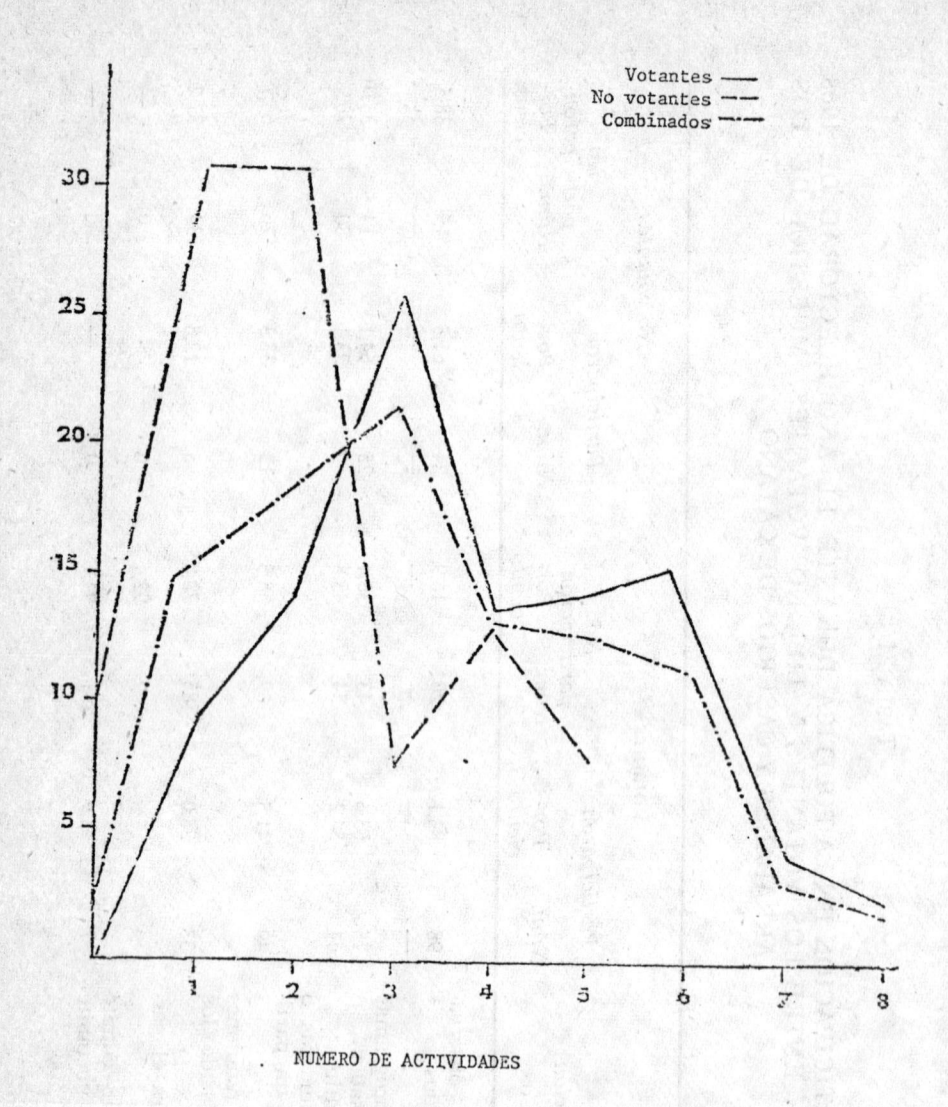

Ilustración 4. PORCIENTO DE LA DISTRIBUCION DE LA PARTICIPACION
EN LAS ACTIVIDADES POLÍTICAS DURANTE 1968.

Cuando preguntamos sobre los lugares de asistencia a los mítines, encontramos que el 97,2 por ciento de los que asistieron lo hicieron dentro de los límites municipales de Cataño. Mientras un 38,4 por ciento fue a los mítines celebrados en su área de residencia, un 39,7 por ciento asistió a los mítines en diferentes partes del municipio.

El tipo 5 (desplegar estandartes y banderas en la casa) supone mayor compromiso con un partido político porque los que así actúan son identificados con facilidad por sus vecinos. De los que no los desplegaron, el 58,9 por ciento dio como razón que no quería que sus vecinos supieran su afiliación política.

El tipo 7 (trabajar como voluntario en un partido) también supone mayor compromiso en la participación política. A la gente que trabaja para un partido se la identifica con facilidad, especialmente a los que trabajan como funcionarios en los colegios electorales. Cinco de los nueve individuos que trabajaron para un partido fueron funcionarios en los colegios electorales. Esta actividad también implica gran compromiso debido a la cantidad de trabajo que trae consigo. Se requiere que los funcionarios estén en los colegios durante seis o siete horas, y no pueden irse hasta que hayan contado los votos y enviado los resultados a la junta electoral local. La gente no está particularmente impaciente por hacer esta clase de trabajo, y es seguro suponer que los que lo hacen tienen un compromiso profundo para con su partido y convicciones políticas.[8]

Pocos individuos en la muestra (1,9 %) participaron en las ocho actividades políticas enumeradas en la Tabla 20, mientras en 2,5 % no participó en ninguna de ellas. La participación en tres actividades presenta la frecuencia más alta. Entre los extremos del cero y el total de participación existen varias gradaciones, como se muestra en la Ilustración 4. En general, los votantes tendieron a participar más que los no votantes.

Los datos sobre la participación política muestran que contrariamente a lo que expresa Lewis (1966 b), los individuos en la muestra no están enajenados de las cuestiones políticas. Aún cuando los asuntos políticos no constituían la preocupación principal de la gente en Cataño, excepto para la minoría militante, esta situación no puede interpretarse como falta de in-

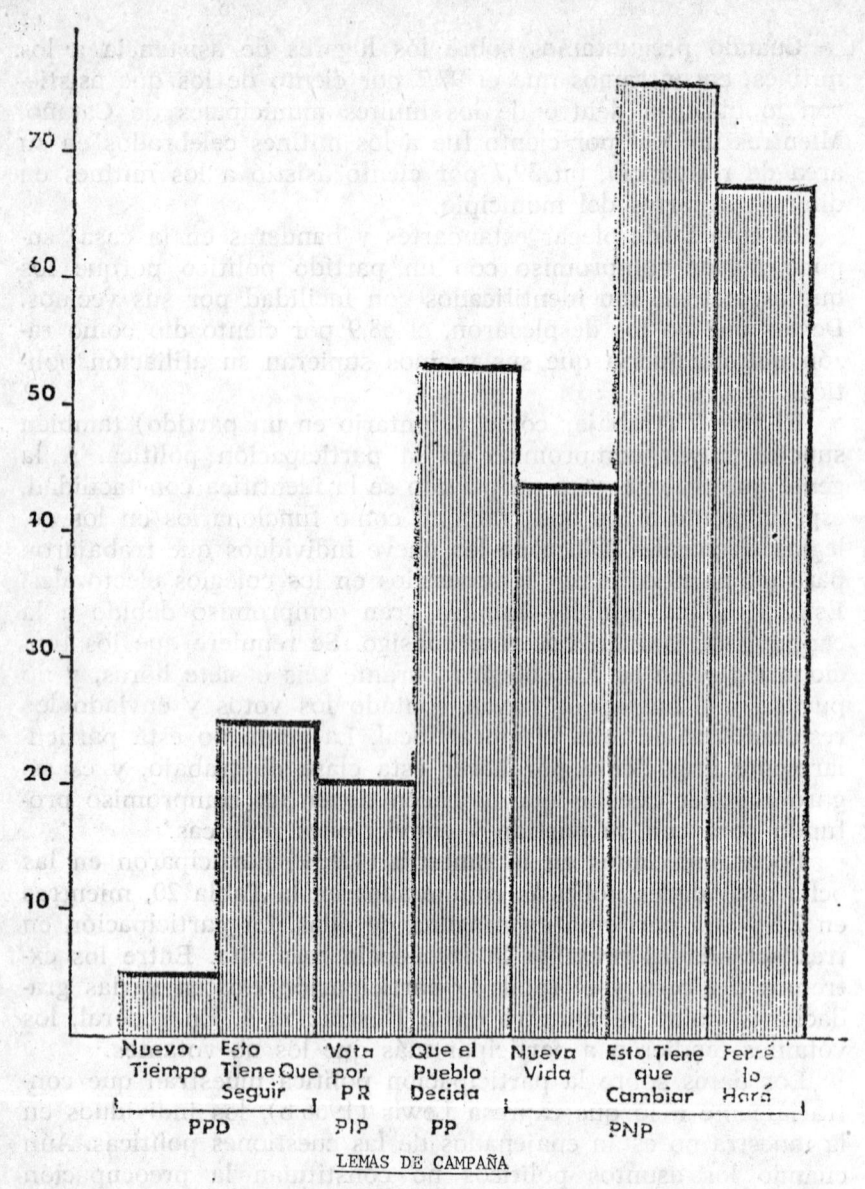

Ilustración 5. PORCIENTO DE LA DISTRIBUCION DE LOS INDIVIDUOS QUE IDENTIFICARON LOS LEMAS DE CAMPAÑA Y SU SIGNIFICADO. LAS ELECCIONES DE 1968.

formación o de interés en los asuntos políticos. Para la mayoría de los puertorriqueños los problemas de la vida diaria resultan más importantes que las cuestiones políticas, y los residentes de los arrabales no son la excepción a esta tendencia, considero que en Cataño durante la campaña de 1968 la gente estuvo intensamente expuesta al debate político, a pesar de que las cuestiones locales fueron más importantes que las insulares.

Antes he mencionado la intensidad de la campaña y la propaganda como prueba adicional de la exposición de las cuestiones políticas a la gente en los arrabales. Para comprobar una vez más mis observaciones durante la campaña, se formularon varias preguntas a los individuos en la muestra para determinar su conocimiento respecto de los lemas de campaña, así como sus explicaciones sobre el resultado de las elecciones. Se leyeron los diferentes lemas de campaña y se pidió a la persona entrevistada que explicara el significado e identificara el partido que los utilizó durante la campaña. El conocimiento del lema varió de acuerdo con la popularidad del partido que lo utilizó y la intensidad de la campaña. El lema identificado con más facilidad fue: *Esto tiene que cambiar*,* uno de los tres lemas de campaña utilizados por el PNP. Sólo treinta individuos en la muestra (12,7 %) no lo pudieron identificar, catorce de ellos eran no votantes. La Ilustración 2 muestra la respuesta a esta pregunta de los que identificaron el partido y ofrecieron una explicación correcta del lema.

Los resultados de la elección para los tres partidos principales también muestran que la gente tiene cierto conocimiento de la dinámica de las elecciones en la sociedad. Sólo un 26,1 por ciento no supo por qué el PNP ganó las elecciones, mientras un 29,9 por ciento no pudo explicar por qué el PPD las perdió, y un 40,1 por ciento por qué no ganó el PP. La valoración de los resultados de la elección se dividió en siete categorías, según muestra la Tabla 22. Las respuestas de las personas entrevistadas refleja la orientación de la campaña y los partidos políticos en Puerto Rico, como se discutió en el capítulo segundo. Las promesas del PNP constituyeron un truco de campaña efectivo, al igual que una propaganda adversa hacia el candidato del PPD a la gobernación. Las respuestas dadas por los individuos en la muestra siguen de cerca la dinámica de la campaña electoral. En todos los casos, más de un sesenta por ciento de ellos ofreció una explicación adecuada de los resultados de la elección. Los que contestaron que el PP no tenía suficiente tiempo para desarrollar una organización fuerte del partido (29,9 %), muestran un conocimiento altamente sofisticado de la política partidista en Puerto Rico de los eventos relacionados con el grupo disidente del PPD, así como de los problemas enfrentados cuando se organiza un partido político nuevo.

El conocimiento de los entrevistados acerca de la política partidista en Puerto Rico, de los eventos relacionados con el damente con sus explicaciones sobre el significado de los conceptos de colonia, estadidad e independencia (Tabla 23). El término colonia se utiliza en Puerto Rico exclusivamente por los defensores de la independencia política, mientras los partidos principales utilizan los otros dos, por lo general para atacar la independencia. Todos los partidos mencionan la estadidad, pero el PNP y el PER son los únicos que la elogian como una alternativa para el futuro político de la sociedad. Durante la campaña de 1968, según se mencionó en el capítulo anterior, el PNP no dio demasiado énfasis a la estadidad. El por ciento de individuos en la muestra que no pudo dar una respuesta cuando se les preguntó sobre el significado de los conceptos, se correlaciona con la frecuencia con la cual se utilizan los términos en la política puertorriqueña.

LA VOTACIÓN

El resultado de las elecciones en Cataño y en la muestra de los arrabales (Tabla 19) demuestra el respaldo arrollador dado al PNP. Sin tomar en cuenta el hecho que el liderato insular del partido consistía de gente rica propensa a mantener sus privilegios económicos, los residentes de los arrabales y caseríos de Cataño les dieron su respaldo. El comportamiento electoral de los pobres de Cataño se explica por tres razones principales: 1) el PNP llevó a cabo varias encuestas antes de las elecciones, encuestas que ofrecieron al liderato un conocimiento adecuado de los problemas confrontados por la mayoría de los puertorriqueños, incluyendo a los pobres de zona urbana; 2) se

TABLA 22

EXPLICACIONES DADAS POR LOS ENTREVISTADOS SOBRE EL RESULTADO DE LAS ELECCIONES DE 1968 EN PUERTO RICO. MUESTRA DE LOS ARRABALES Y CASERIOS EN CATAÑO

Categoría de explicación	¿Por qué el PPD perdió las elecciones? Núm.	¿Por qué el PPD perdió las elecciones? Porciento	¿Por qué el PNP ganó las elecciones? Núm.	¿Por qué el PNP ganó las elecciones? Porciento	¿Por qué el PP perdió las elecciones? Núm.	¿Por qué el PP perdió las elecciones? Porciento
Orientación respecto del candidato a la gobernación	49	31,2	39	24,8	34	21,7
Problemas internos del PPD	31	19,7	29	18,5	—	—
Promesas de campaña	21	13,4	44	28,0	3	1,9
Reacción a muchos años bajo el gobierno del PPD	6	3,8	4	2,5	—	—
Falta de tiempo para organizar el partido	—	—	—	—	47	29,9
Otros	3	1,9	—	—	10	6,3
No sabe	47	29,9	41	26,1	63	40,1
Totales	157	100,0	157	100,0	157	100,0

dio prioridad suprema en la plataforma y propaganda del partido, al desempleo, la adicción a drogas, los servicios médicos inadecuados y la crítica al programa de renovación urbana; 3) su eficiente organización en Cataño, con líderes en los arrabales y caseríos en contacto estrecho con la gente, y su campaña a través de radio y televisión hicieron del PNP una alternativa electoral para los grupos de ingresos más bajos. Votar por el PNP significaba un voto por el cambio y la reforma.

La ausencia de organizaciones o movimientos políticos que representaran a los pobres junto al desencanto con el PPD, hizo del PNP la única alternativa. La abstención de votar no cons-

TABLA 23

CONOCIMIENTO DE LOS TERMINOS DEL ESTADO POLITICO COMUNMENTE USADOS EN PUERTO RICO. MUESTRA DE LOS ARRABALES Y CASERIOS EN CATAÑO

Categoría	Estadidad		Independencia		Colonia	
	Núm.	Porciento	Núm.	Porciento	Núm.	Porciento
Buena	69	44,0	49	31,2	0	—
Mala	6	3,8	38	24,2	33	21,0
No sabe	82	52,2	70	44,6	124	79,0
Total	157	100,0	157	100,0	157	100,0

Las buenas respuestas dadas por las personas entrevistadas se tabularon como buenas si el entrevistado suponía beneficios para la sociedad, mientras que los que se tabularon como malas implicaron algo adverso para el bienestar de la sociedad en general. Buena no significa que se apoya una ideología particular; es sólo una medida de criterio utilizada por la persona entrevistada. Un ejemplo de respuesta mala fue describir la independencia como anarquía política, mientras una buena consistía en que la estadidad es sinónimo de progreso económico.

tituía una alternativa, ya que la abstención *per se* no puede influenciar o alterar las pautas gubernamentales. La proporción relativamente baja de abstención de votar en las elecciones de 1964 y 1968, se desprende de la Tabla 24.

Cuando las tres razones relacionadas con el sistema electoral se combinan (física, administrativa, legal), encontramos que incluyen al 46,2 por ciento de los no votantes en 1968. Estas eran las personas que no pudieron votar porque el sistema de colegios cerrados[9] les hizo difícil llegar a tiempo al lugar de votación. Las personas que tienen hijos pequeños o tienen que cuidar a parientes enfermos no votan bajo el sistema actual, que exige estar en los colegios electorales a cierta hora. Podrían votar si se adopta un sistema diferente. El resto de los no votantes en 1968 (48,7 %) se abstuvo debido a lo que podrían llamarse razones ideológicas (se incluyen la indiferencia y la presión cultural), y ellos constituyen el grupo más importante en el análisis de la abstención de votar.

Cuando se comparan las razones para no votar, tanto en las elecciones de 1964 como en las de 1968, encontramos que, con la excepción de la indiferencia y las presiones culturales, existe variación en la frecuencia de las razones dadas por los entrevistados. La variación en las razones ideológicas se explica por la actitud de los votantes del PPD que se desencantaron con su partido en 1968; sin embargo, al mismo tiempo no estaban dispuestos a votar por otro partido. De las nueve personas que dieron una razón ideológica para abstenerse en 1968, cuatro se abstuvieron en 1964 por las mismas razones. Tres habían votado por el PPD, una por el PAC y la última era demasiado joven para votar en 1964. Resulta interesante que de las cuatro personas que se abstuvieron de votar en ambas elecciones por razones ideológicas, sólo una se abstuvo de participar en *todas* las actividades políticas enumeradas en otra sección de este capítulo.

Las razones dadas por los votantes en la muestra para explicar su comportamiento electoral están tabuladas en la Tabla 25.[10] La categoría con la frecuencia más alta incluye todas las razones relacionadas con metas específicas: «conseguir empleo, mejorar mi situación económica, el PPD nunca me dio lo que yo quería», etc. La segunda categoría incluye respuestas más generales expresadas en términos de progreso económico para el país. Sin embargo, esta última se relaciona con las metas específicas porque la mejora general en las condiciones económicas se reflejará en el individuo, según entendían las personas entrevistadas.

De las 27 personas que dieron razones de interés propio para votar, 25 votaron por el PNP y 2 por el PPD. Cuando lo anterior se combina con la segunda categoría (razones administrativas), un total de 37 personas votaron por el PNP y 14 por el PPD. Mientras aquellos cuyas preguntas se incluyeron en la categoría 3 (atracción hacia un partido o líder), se dividieron entre los tres partidos principales, los que contestaron que la lealtad al

TABLA 24

RAZONES PARA ABSTENERSE DE VOTAR EN LAS ELECCIONES DE 1964 y 1968. MUESTRA DE LOS ARRABALES Y CASERIOS DE CATAÑO [1]

Razones para abstenerse	Año electoral			
	1968		1964	
	Núm.	Porciento	Núm.	Porciento
Razones físicas	7	18,0	1	3,9
Razones administrativas	3	7,7	0	—
Razones legales	8	20,5	10	38,5
Presión cultural	2	5,1	2	7,7
Razones ideológicas	9	23,1	4	15,4
Indiferencia	8	20,5	7	26,9
Ninguna información disponible	2	5,1	2	7,7
Total	39	100,0	26	100,0

1. Bajo las razones físicas se incluyen: estar enfermo; cuidar niños; atender a un pariente enfermo. Bajo las administrativas se incluyen: ninguna información disponible sobre el lugar donde se asignó a la persona a votar; llegar tarde al colegio electoral. Bajo las legales se incluyen todas las razones relacionadas con no cumplir los requisitos, como un elector no inscrito, vivir fuera de Puerto Rico durante las elecciones, etc.

partido constituía la explicación de su voto fueron mayormente votantes del PPD (13 de 15).

La lealtad a un partido (el voto tradicional) y la atracción hacia un líder también recibieron diferentes respuestas de los individuos en la muestra. Sin embargo, las esperanzas de obtener beneficios directos o indirectos parecen ser los criterios principales utilizados para tomar la decisión al votar. El hecho de que esto no constituyera un patrón de comportamiento desarrollado en 1968, se demuestra mediante la votación en 1964 comparada con la de 1968, como se muestra en la Tabla 26.

La mayoría de los individuos que votaron por el PER en 1964, también votaron por el PNP en 1968. Esta situación es un reflejo de la tendencia de apoyar al partido de oposición que tiene mayores oportunidades para ganar.

Tabla 25

RAZONES PARA VOTAR POR UN PARTIDO EN PARTICULAR EN LAS ELECCIONES DE 1968. MUESTRA DE LOS ARRABALES Y CASERIOS DE CATAÑO

Razones para votar	Número	Porciento
Razones relacionadas con metas específicas	27	22,9
Razones relacionadas con reformas administrativas y mejoras económicas generales que beneficiarían a la persona entrevistada	24	20,3
Atracción de un partido o un líder sin especificar las razones	21	17,8
Lealtad a un partido	15	12,7
Presión por parte de parientes	12	10,2
Razones ideológicas (partidarios de la estadidad, la independencia o el Estado Libre Asociado)	5	4,2
Siempre votan por el partido de la mayoría	2	1,7
Razones religiosas (tuvieron una revelación)	1	0,8
Ninguna información disponible	11	9,3
Total	118	100,0

TABLA 26

COMPORTAMIENTO ELECTORAL EN 1964 Y 1968. MUESTRA DE LOS ARRABALES Y CASERIOS DE CATAÑO

Partido de preferencia en 1964	Número de votos en 1964	PNP	PPD	PP	PIP	PER	Papeletas mixtas	Papeletas en blanco	Se abstuvieron	Ninguna información disponible
PPD	60	10	35	2			2	1	10	
PER	36	34							2	
PAC	1									
PIP	1	1								
Votaron en E.U.	4	2			2				2	
Se abstuvieron	53*	13	8	4					26	
Ninguna información disponible	2	2								2

* Dos individuos no habían alcanzado la edad de votar en 1964.

También se consideró la exposición a las formas diversas de propaganda política durante las elecciones de 1968. Un análisis de la relación entre observar programas políticos televisados y el comportamiento electoral demuestra que no existe correlación (Tabla 27); lo que corrobora las conclusiones de Lipset y otros (1964). Cuando la asistencia a los mítines se correlaciona con el comportamiento electoral, se encuentra cierto significado que puede explicarse en términos de la asistencia de la gente más militante (Tabla 28).

En conclusión, los datos apoyan la hipótesis de que las variables más importantes en la determinación del comportamiento electoral son el interés por afectar las pautas gubernamentales o recibir beneficios directos o indirectos, y la presencia de una adecuada organización partidista.

En este capítulo he examinado la participación de los residentes de los arrabales y caseríos de Cataño en las actividades políticas durante un año electoral. Se ha establecido que informarse sobre las cuestiones discutidas, tanto a nivel local como insular, constituye el tipo más común de participación política. Estas dos actividades suponen un mínimo de compromiso para con la política partidista en Puerto Rico. Otros tipos de participación, según se esboza en la Tabla 20, distinguen entre los individuos más activos y los menos activos en términos de su participación en la política. Las actividades que implican un máximo de participación en la política partidista, tales como trabajar como voluntario en un partido o convertirse en miembro de un comité o un sub-comité, atraen sólo a una minoría de los individuos. Esta minoría, especialmente los miembros de los diferentes comités en los arrabales, se conoce como *los políticos*,* término utilizado por la gente en estas áreas para identificar a los individuos que muestran un interés marcado en la política, por qué alguna gente se interesa más que otra en la política, es una pregunta que no puedo contestar en base a los datos obtenidos; aunque en el capítulo siguiente analizo las carreras políticas de nueve líderes locales y llego a ciertas conclusiones sobre sus motivaciones para convertirse en políticos.

No hay duda de que los residentes de los arrabales y caseríos de Cataño estaban informados sobre las cuestiones políticas durante el año electoral de 1968; hecho que puede expli-

TABLA 27

RELACION ENTRE LA OBSERVACION DE PROGRAMAS POLITICOS TELEVISADOS Y EL COMPORTAMIENTO ELECTORAL EN 1968. MUESTRA DE LOS ARRABALES Y CASERIOS EN CATAÑO

Programas televisados	Partido por el cual votó el entrevistado en 1968								
	PNP	PPD	PP	PIP	PER	Papeleta mixta	Papeleta en blanco	No votó	Ninguna información disponible
Observaron programas	43	25	5	1	0	1		25	2
No observaron programas	19	18	1	1		1		14	
Ninguna información disponible									2
Total	62	43	6	2	0	2	1	39	2

TABLA 28

RELACION ENTRE LA ASISTENCIA A LOS MITINES POLITICOS Y EL COMPORTAMIENTO ELECTORAL. MUESTRA DE LOS ARRABALES Y CASERIOS DE CATAÑO

Mítines	Partido político por el cual votó el entrevistado en 1968							
	PNP	PPD	PP	PIP	PER	Papeleta mixta	No votó	Ninguna información disponible
Asistieron	42	18	3			1	9	
No asistieron	20	25	3	2		1	29	1
Ninguna información disponible								2
Total	62	43	6	2	0	2	39	2

carse por la propaganda intensiva efectuada por los partidos políticos, especialmente el PNP, tanto a nivel local como insular. Esta propaganda llegó a todos los rincones y prácticamente a todos los residentes de los arrabales de este municipio. Por otro lado, se puede considerar que el pobre de zona urbana tuvo mayor interés en el resultado de las elecciones de 1968, debido a las razones explicadas en este capítulo y los anteriores. Los pobres dependen más del gobierno para obtener varios servicios, que la gente con ingresos más altos obtiene en el sector privado. La propaganda, al igual que el interés de los pobres por las elecciones, debe considerarse junto con el papel que juegan el liderato local y las instituciones que inhiben la formación de una conciencia de clase entre los puertorriqueños pobres de zona urbana para poder explicar por qué votan por políticos ricos.

V. LA NATURALEZA DEL LIDERATO POLÍTICO

En la discusión de la dinámica de la política partidista y en el análisis del comportamiento político en los capítulos anteriores, se ha demostrado que los individuos que toman la más activa participación constituyen una minoría pequeña. Se pueden clasificar como militantes de partido y líderes locales. El grupo militante incluye a todos los individuos que son miembros de la organización local de los partidos,[1] y a los que trabajan como voluntarios, aunque no estén formalmente incorporados a su organización. Resulta relativamente fácil definir lo que constituye un trabajador de un partido o un militante, pero la definición de liderato político es una tarea más difícil. El liderato político debe analizarse en dos niveles. El primero consiste en la organización de los partidos políticos en Puerto Rico y el papel asignado a los líderes locales en la organización. El segundo nivel consiste en la relación existente entre un líder local y su distrito electoral, especialmente en lo que atañe a las expectativas respecto del papel que desempeña el líder y las exigencias hechas por la gente en un área en particular. Ambos constituyen lo que podría llamarse el aspecto estructural porque implican la necesidad de cierta actividad intermediaria entre los partidos como instituciones políticas y las personas que están directa o indirectamente relacionadas con las instituciones políticas de una sociedad. Dada una posición estructural, hay que determinar cómo los individuos se incorporan a la posición estructural conocida como liderato local al igual que cómo desempeñan su papel como líderes. El propósito de este capítulo es analizar la naturaleza del liderato político en los arrabales y su relación con el comportamiento político de los que no son líderes. En el proceso de este análisis me dedicaré a contestar tres preguntas principales: 1) ¿Quiénes son los líderes? 2) ¿Cómo se obtiene y se mantiene el liderato? 3) ¿Qué papel desempeña el líder político en el arrabal?

EL TRASFONDO SOCIAL DE LOS LÍDERES [2]

El compendio de las historias de la vida de los líderes políticos en los arrabales de Cataño demuestra que comparten el trasfondo socioeconómico con el resto de la población. Con la excepción de Felipe, son hijos de trabajadores agrícolas o de trabajadores urbanos de bajos ingresos. La historia de la vida de Felipe no indica ninguna desviación significativa de trasfondo de bajos niveles educacionales y una historia ocupacional de empleos de bajos ingresos común a los hombres de su generación. La diferencia principal se encuentra entre la generación de los líderes mayores y la de los más jóvenes. Estos últimos tienen más educación que los más viejos (con la excepción de Lolo y Ramón que asistieron a la escuela por más de nueve años), y se han socializado por completo en un ambiente urbano porque se criaron en los arrabales.

A pesar de su nivel de educación relativamente bajo, los mayores están bastante capacitados para actuar como portavoces de la comunidad y como representantes de los partidos en los arrabales. Hablan en los mítines, escriben peticiones y cartas y participan en diferentes tipos de reuniones. Además como parte de su labor política, se interaccionan con gente de fuera de los arrabales que pertenece a un estrato social más alto. En este aspecto tampoco difieren de los jóvenes. Se puede presumir que su experiencia política ha contribuido a su formación intelectual y a su sofisticación.

La migración de las áreas rurales a las urbanas en busca de empleos con un salario más alto constituye otra característica que los líderes más viejos comparten con los residentes de los arrabales, especialmente con su generación. Aunque los líderes jóvenes han vivido siempre en un ambiente urbano, los empleos que han podido conseguir no difieren de los de sus padres o de sus líderes más viejos después de que éstos se mudaron a la ciudad.

Las serias dificultades económicas, que seis de los líderes confrontaron en el pasado, son también características de la mayoría de los residentes de los arrabales y caseríos. Sin embargo, a los líderes se les podría considerar como los que ocupan los escaños más altos en sus comunidades, con la excepción de Ramón y José, que son los más pobres del grupo. No existe ningún historial de dependencia o bienestar entre los líderes. Todos son individuos que trabajan fuerte, que han sido capaces de mejorar su situación económica y muchos aspectos de su nivel de vida. Siete de ellos no difieren en nada de los puertorriqueños de clase media baja que viven en algunos suburbios del área metropolitana de San Juan. Armando y Lolo se acercan más al nivel de vida de clase media que Ramón, Jaime y José. En general, el nivel de vida de los nueve líderes puede considerarse como adecuado. Sus casas están en buenas condiciones y amuebladas y tienen artefactos eléctricos que les proveen cierta comodidad. Todas las casas están ubicadas en las mejores partes del arrabal, donde la tierra es seca, y cerca de una calle pavimentada. Se alimentan bien y no sufren ninguna privación seria, con la excepción de José que recibe una pequeña pensión, aunque hay esperanzas de que logre una compensación más alta.

Aunque los líderes forman parte del medio ambiente social del arrabal, llevan una vida frugal y sobria, dedicados principalmente a sus empleos, a sus familias y a su trabajo político. Sienten una preocupación general por el bienestar de sus compatriotas y están dispuestos a ayudar a otros la mayor parte del tiempo; un rasgo de conducta que forma parte de su orientación política y del papel del líder, según lo conciben ellos y los residentes del arrabal. También mantienen suficiente contacto con la gente en sus comunidades, especialmente con los varones, para ser considerados parte del arrabal, aunque no visitan con frecuencia los bares ni tampoco se la pasan en las esquinas de las calles.

El hecho de que tres de ellos han estado en la cárcel en cierto período de sus vidas, constituye otro rasgo común de los pobres de zona urbana. Estos tres líderes no son rechazados a causa de su pasado. Todos saben que dos de ellos fueron convictos por matar a otro hombre, pero esto no ha sido impedimento para su aceptación en sus respectivas comunidades, o en su papel de políticos.

Otra característica significativa es que los líderes son residentes de los arrabales desde hace mucho tiempo. La única excepción es Jaime, que se mudó a mediados de los años cuarenta y no regresó hasta 1964, pero se le conoce bien al presente y cuando regresó conocía a los residentes más viejos del área.

Aunque ninguna mujer fue prominente en la vida política de los arrabales de Cataño durante 1968-69, no se rechaza a las mujeres en las actividades políticas. Pueden ocupar puestos y alcanzar posiciones de liderato, pero por lo general atrae más a los hombres que a las mujeres.

Marcial

Marcial contaba 56 años de edad cuando lo conocí por primera vez, dos meses antes de las elecciones de 1968. Nació en un *barrio* * del centro de Puerto Rico, pero creció en un pueblo vecino donde fue a vivir con su abuela paterna. La mayoría de sus parientes eran pequeños terratenientes, excepto su padre quien poseía un colmadito en el barrio donde nació Marcial. Algunos años después (no pudo recordar la fecha aproximada) fue a vivir a la casa de sus padres. Luego se mudó a un área rural en la costa este de la isla en busca de un empleo y vivió allí por tres años. Regresó de nuevo al lugar de nacimiento, se casó y se mudó a otra área rural para administrar una finca de tamaño mediano. Se mantuvo en ese trabajo durante doce años, pero a los treinticinco años de edad se mudó al área metropolitana de San Juan en busca de un empleo con un salario más alto. Durante dos meses vivió en la casa de su hermana en una vecindad de clase baja. Después que comenzó a trabajar, mandó a buscar a su esposa y sus hijos, y se mudó al arrabal en Cataño donde vive desde 1947.

Estudió hasta el tercer grado. Su primer trabajo fue como peón en una finca, y lo mantuvo hasta que se convirtió en administrador de otra. Después de mudarse a Cataño, trabajó como peón con el Departamento de Agricultura durante seis años, hasta que se eliminó el programa para el cual trabajaba. El siguiente trabajo de Marcial fue como carpintero en otra agencia gubernamental. En 1960 tuvo un accidente mientras trabajaba. Se cayó desde una azotea y se fracturó ambas piernas. Forzado a retirarse del empleo, como resultado del accidente, invirtió el dinero que tenía acumulado en el Fondo de Seguro del Estado ($ 1.500) en un pequeño negocio frente a su casa: una combinación de bar y colmado. La tienda es la tercera en tamaño de la comunidad, y Marcial ha podido vivir adecuadamente con el ingreso que deriva del negocio, entre $ 200 y $ 250 mensuales.

Marcial pertenece a los grupos de acción comunal y a los comités de ciudadanos, y en la parte trasera de la tienda tiene un cuarto donde se reúnen con regularidad los miembros del grupo que él preside ahora.

Cuando se mudó al arrabal en 1947, sólo existían diez casas en el área. Las calles no estaban pavimentadas y los residentes carecían de agua y electricidad en las casas. Comenzaron a exigir que las autoridades gubernamentales extendieran una tubería desde la carretera principal para tener agua en la vecindad. Esta actividad inició a Marcial en la labor comunal. La gente reconoció su disposición para trabajar y lo eligió secretario del primer sub-comité del PPD, organizado dos años después de mudarse Marcial a la comunidad. Se mantuvo activo como líder comunal y político. Ambos papeles resultan indistinguibles para él, y considera que la razón principal para implicarse en la política partidista consistía en saber que como miembro de la organización del PPD (el partido en el poder) podría tener más éxito en obtener la asignación de fondos necesarios para mejorar las condiciones del arrabal. En la siguiente reorganización del sub-comité del PPD fue electo presidente, y en 1964 fue electo también miembro de la asamblea municipal de Cataño, cargo que desempeñó hasta 1968 cuando renunció por razones de salud. Durante la lucha por el poder para el escaño de gobernador, Marcial respaldó a Sánchez Vilella. Cuando este último organizó el PP, Marcial junto con el resto de los miembros del sub-comité del PPD en su arrabal, se unió al partido; Marcial fue electo presidente.

Su papel como líder comunal y político en su comunidad consistía en actuar de intermediario entre los residentes y el alcalde del municipio y otros líderes políticos importantes. Su tarea principal fue ayudar a la gente a resolver sus problemas, tanto en el nivel colectivo como en el individual. Como miembro de la asamblea municipal, formó parte del liderato político del municipio, pero se desencantó con el alcalde y su supuesta falta de interés por los problemas de la gente. Después de las elecciones quedó algo desilusionado con los resultados, pero no estaba dispuesto a hablar sobre sus planes para el futuro.

Felipe

Hijo de un agricultor que poseía una finca de tamaño regular de alrededor de ochenta acres en el centro de Puerto Rico; Felipe pasó la mayor parte de su vida en un área rural. Contaba sesenta y seis años de edad, y había vivido en Cataño por veinticuatro años. Se mudó de la finca de su padre en los últimos años de su adolescencia. Tenía problemas con su padre, pero siempre estuvo renuente para hablar de esta relación, y de las razones para no heredar ninguna tierra.

Estudió hasta el tercer grado. Su primer trabajo fue como peón en la misma área donde había nacido. A los cuarenta y cinco años de edad se mudó del lugar de nacimiento y se estableció en Cataño. La razón para mudarse fue el deseo de mejorar su situación económica. Mientras vivió en Cataño, estuvo desempleado durante dos meses. Con la ayuda de un sobrino, consiguió un empleo como obrero de construcción no diestro en un caserío cercano. Cuando cesó el trabajo, encontró empleo con el gobierno municipal como recogedor de basura. El alcalde, según Felipe, se impresionó con su disposición para trabajar y lo empleó como mensajero de su oficina. Trabajó dieciséis años en la alcaldía y cuando llegó a la edad de jubilarse, trabajaba de conserje del edificio.

Felipe llegó a Cataño casado y con siete hijos. Construyó

una casucha en un área pantanosa donde estaba desarrollándose un pequeño arrabal, aproximadamente a media cuadra de su actual residencia. A través de los años su condición económica mejoró. Cuando se retiró, estaba ganando $175 mensuales, y poseía una casa de concreto de dos pisos en un área donde las calles están pavimentadas y hay agua potable y electricidad, pero no hay sistema de alcantarillado. Vive con su esposa. Un hijo casado vive en los altos. Otros dos hijos viven en urbanizaciones sub-urbanas de clase media en pueblos cercanos, otro reside en el mismo arrabal y los otros en Nueva York. Ha viajado siete veces a los Estados Unidos para visitar a sus hijos, que viven en una vecindad puertorriqueña.

Nunca ha participado en grupos de acción comunal. Cuando joven fue simpatizante del *Partido Unionista*,*[3] pero no participó activamente hasta las elecciones de 1940, cuando trabajó para el PPD porque lo atrajo el mensaje de reformas sociales y económicas de ese partido. Cuando llegó a Cataño, no se involucró en la política hasta que comenzó a trabajar para el gobierno municipal. Asistía a las reuniones del comité municipal del PPD y realizó trabajo voluntario durante las elecciones. Trabajó en el censo electoral como funcionario de colegios y en la distribución de las tarjetas de votantes. Además se convirtió en miembro del sub-comité del PPD en su área de residencia, y más tarde fue electo presidente. Se mantuvo fiel al alcalde durante toda la lucha por el poder antes de las elecciones de 1968. Aunque en una ocasión me dijo que estaba insatisfecho con el papel del alcalde como político, nunca abandonó el partido. Era el típico intermediario, que depende del gobierno municipal como fuente de ingreso y nunca cuestiona abiertamente las decisiones tomadas por el liderato. Definió su papel como el representante del partido en su comunidad y como el mediador entre la gente y el partido. Su dependencia del liderato municipal era total hasta el punto que su sub-comité llevó a cabo una reunión antes de las elecciones, y Felipe trato de hacer su trabajo solo lo mejor que pudo y de acuerdo con lo que creía ser su deber como representante del partido en su arrabal.

Armando era uno de los quince hijos de un trabajador agrícola en el área de tabaco y frutos menores del centro de Puerto Rico. Contaba cincuentiún años de edad y había vivido en un arrabal de Cataño durante los últimos veinte años. Residió por veintiún años en el lugar de nacimiento antes de mudarse a un pueblo costero en la parte este de la isla para trabajar en las plantaciones de caña de azúcar. Después de dos años regresó a su barrio para ayudar a su padre en una finca de siete acres que éste había comprado. Dos años después, él y su esposa se mudaron a una ciudad cercana donde permanecieron durante seis años. Su última mudanza fue el arrabal donde vive ahora.

Asistió a una escuela rural hasta el tercer grado, y a los ocho años de edad ya estaba trabajando en los campos de tabaco como recogedor de los gusanos que dañan las plantas. Recoger gusanos fue su ocupación durante diez años, y a los dieciocho años trabajó sembrando tabaco y realizando otros trabajos relacionados con el cultivo del tabaco. Trabajó en una finca de tabaco donde ganaba cuarenta centavos diarios por tres años más hasta que se mudó a la costa. Comenzó a trabajar en los campos de caña con un salario de sesenta y cinco centavos diarios, y cuando dejó el empleo estaba ganando sólo $1.20 diarios. Después de casarse y establecerse en la ciudad de Caguas comenzó a trabajar como obrero de construcción no diestro. En ese empleo aprendió albañilería y carpintería. Su primer trabajo fue en la construcción de la Base Naval de San Juan. Viajaba diariamente desde Caguas a los trabajos que realizó en varios proyectos de construcción en diferentes áreas del área metropolitana de San Juan. Su esposa enfermó y él perdió el empleo. Estando de visita en Cataño donde residían dos de sus hermanos decidió mudarse a dicho pueblo con la esperanza de conseguir un buen empleo. Después de vivir durante tres meses en una casa alquilada, compró una por $100, la reparó con madera recogida en la playa. En Cataño enfermó de artritis y se puso tan nervioso que no pudo trabajar en los andamios; como resultado perdió su empleo. Un trabajador social lo visitó para ofrecerle ayuda de bienestar público, ayuda que Armando rechazó porque esto era indigno de un hombre. Con la ayuda de un amigo de su hermano, que era amigo del dueño de una tienda en Cataño, Armando decidió establecer un pequeño negocio frente a su casa. Vendió dos cerdos por $100 para comprar dos refrigeradores comerciales usados y una licencia para vender bebida a una mujer que se iba para Nueva York. Inauguró un pequeño colmado-bar. Para entonces ya tenía once hijos. Con el ingreso de su tienda, continuó manteniendo a la familia. Mientras tanto, construyó dos casas más en su solar y las vendió a buen precio. Gracias al duro trabajo, su situación económica mejoró después de varios años, con la ayuda de su esposa que trabajaba en la tienda y como costurera. En 1965, Armando terminó de construir una casa moderna de concreto en la parte trasera de la tienda. Además posee tres acres de tierra y una casa pequeña en el bario donde nació. Cinco de sus hijos (todas mujeres), han podido lograr una educación más allá de la escuela superior: dos de ellas estudiaron enfermería, otras dos fueron a la Escuela Normal y la otra es estudiante de primer año en la Universidad de Puerto Rico. Firme creyente en la educación como instrumento para la movilidad social, él ha sido determinante al decidir la orientación vocacional de sus hijas, situación de la que se siente muy orgulloso.

El interés de Armando en la política partidista fue resultado de la influencia de su padre, miembro activo del *Partido Unionista* * y más tarde del *Partido Liberal*.* ' En 1944, Armando se convirtió en un seguidor activo del PPD cuando se convenció de que las reformas sociales y económicas iniciadas por el partido, constituían un movimiento para liberar a los puertorriqueños de la extrema pobreza. Se ofreció como voluntario para trabajar como distribuidor de tarjetas de votantes de casa en casa y en otras tareas durante la época electoral. Cuando se mudó a Cataño, comenzó a asistir a las reuniones del sub-comité del PPD en su vecindad. Se convirtió en miembro del sub-comité y en 1964 fue electo presidente. Se le ofreció además una posición como candidato a la asamblea municipal, pero la rechazó porque tenía que atender su tienda.

Como líder del partido, participó en todas las gestiones para obtener mejoras en las condiciones físicas del sector donde vive. A través de los esfuerzos del sub-comité del PPD, los servicios públicos, incluyendo la pavimentación de la calle principal, se extendieron a la comunidad en 1967. A pesar de que era uno de los representantes del PPD en la comunidad, Armando parece responder más a las necesidades de la comunidad y a la opinión de la gente que al liderato del partido en el municipio. Obtener los fondos necesarios para mejorar las condiciones físicas del área constituyó su interés principal como líder político. No participó activamente en la campaña de 1968. Aunque rehusó dar respuestas concretas respecto a las razones por las que no participó en la campaña del partido, parece que estaba un poco desencantado con las luchas abiertas dentro del liderato del partido en Cataño. Sin embargo, se mantuvo leal al PPD y se preocupó mucho cuando su partido perdió las elecciones. En varias ocasiones me dijo que habría de comenzar a trabajar para el partido tan pronto se reorganizaran los sub-comités.

Jaime

Hijo de trabajadores agrícolas, Jaime nació en un barrio del área cafetalera tradicional del centro de Puerto Rico. Era bastante joven cuando sus padres se mudaron a otro municipio en el área tabacalera. En el momento de las elecciones contaba sesentiséis años de edad y se había mudado al área de Cataño en 1936. Trece años después estaba viviendo en los arrabales de Santurce que lindan con el caño de Martín Peña. En esa época se convirtió en alcohólico y en una disputa mató a otro hombre. Como resultado, lo enviaron a prisión por dieciséis años. Cuando cumplió su sentencia se convirtió en miembro de Alcohólicos Anónimos y desde entonces se abstuvo de tomar licor. Jaime tiene cuatro hijos, dos de un matrimonio previo y dos niñitos de su segundo matrimonio con una mujer joven con la que se casó después de salir de la prisión.

Asistió a la escuela durante tres años y de adolescente comenzó a trabajar en los campos tabacaleros. Cuando se mudó a Cataño trabajó como obrero de construcción no diestro y continuó en empleos similares hasta ir a prisión. Luego de quedar libre, continuó trabajando como peón de construcción durante cuatro años hasta que llegó a la edad de jubilarse y tuvo el derecho de recibir una pensión del Seguro Social.

Jaime nunca participó activamente en grupos comunales. Se dedicó principalmente a la bebida. Al presente es miembro de Alcohólicos Anónimos y asiste a las reuniones con regularidad. Además fue miembro de una cooperativa de crédito en su comunidad, pero renunció porque no le resultaban claros los propósitos de la organización. Al ser desalojado del arrabal, fue enviado a un caserío. Aunque está satisfecho con su apartamento y las condiciones físicas del caserío, se preocupa por el hecho de que es viejo y no posee una casa para dejarla a sus hijos después de su muerte.

Cuando se organizó el PPD en 1940, se interesó por la política y el programa de reformas sociales expuesto por el partido. Comenzó a trabajar para el partido como cantante de *décimas* *⁵ en los mítines y como orador público. Después de 1944, se desilusionó con el PPD y el liderato de Muñoz Marín, porque dejaron de respaldar la independencia de Puerto Rico. Cuando se organizó el PIP en 1947 Jaime fue uno de sus simpatizantes, pero no pudo votar en 1948 porque se encontraba enfermo el día de elecciones. Cuando salió de la prisión, antes de las elecciones de 1964 se unió al PPD impresionado con los logros del partido en el poder durante esos años. Fue a vivir en un arrabal de Cataño y ayudó en la reorganización de los diferentes sub-comités del PPD; ya no simpatizaba con el partido de independencia. Fue electo presidente del sub-comité en su área de residencia y estuvo activo durante la campaña hablando en mítines y solicitando votos a los vecinos. Durante la competencia por el escaño a gobernador en 1968, Jaime resultó un fuerte partidario de Sánchez Vilella y fue derrotado como delegado a la convención del partido. Siguió a Sánchez Vilella hacia el PP, y trabajó en su organización en Cataño. Fue electo presidente del sub-comité de su sector, pero varias semanas antes de las elecciones ya se había desencantado con el liderato de clase media de su partido. La crítica principal que hizo a los líderes principales del *Partido del Pueblo* * consistió en que no sabían cómo conducir la política, ya que no estaban en contacto estrecho con la gente. Después de las elecciones, continuó como partidario de Sánchez Vilella.

Lolo

Lolo contaba cincuentidós años de edad y había vivido en los arrabales de Cataño desde 1952. Su padre era un trabajador agrícola en el área tabacalera y de frutos menores del centro de Puerto Rico que más tarde adquirió una finca pequeña. Cuando Lolo se mudó a Cataño, ya estaba casado y con hijos, luego nacieron otros para un total de seis. Durante tres años vivió en Juana Matos y las razones para mudarse al arrabal donde vive ahora, se debieron a que las condiciones de vida de este último son mejores porque el área no se inunda con facilidad.

Comenzó la escuela superior, pero la abandonó para trabajar como peón en las fincas tabacaleras. Su siguiente empleo fue en una carnicería, y cuando el dueño murió pudo comprar el negocio. Afirma que se mudó de su pueblo natal porque era perseguido por el liderato del PPD. Su carnicería era supervisada constantemente por el alcalde y otras autoridades municipales que buscaban alguna infracción a las normas de sanidad. Vendió la tienda y llegó a Cataño, donde compró un camión para vender ropa y artículos del hogar. El negocio no resultó y comenzó a trabajar como obrero en una de las fábricas de las Empresas Ferré localizada en el área de Cataño. Más tarde se le asignó un trabajo de oficina y le aumentaron el salario. Al presente gana dos dólares la hora, salario que considera adecuado.

Su participación en grupos de acción comunal comenzó después de las elecciones de 1968, cuando el presidente de un comité de ciudadanos en su vecindad lo invitó a convertirse en miembro del mismo. Se le invitó en razón de su posición como presidente del sub-comité del PNP; el presidente de la organización comunal se daba cuenta de los beneficios que implicaba tener a Lolo en el comité.

El interés de Lolo en la política provino de su padre, que era un líder del PER en su ciudad natal. Hacía mucho tiempo que era *republicano*[*][6] y comenzó a hablar en mítines cuando aún era muy joven. Cuando se mudó a Cataño, se mantuvo fuera de la política algún tiempo, pero durante un mitin del PER un miembro del comité municipal preguntó si alguien lo conocía. (Un amigo de éste le había dicho que Lolo se había mudado a Cataño.) Subió a la plataforma de los oradores y se le presentó como un buen líder de partido. Pronunció un corto discurso y después comenzó a trabajar con el partido. Fue electo presidente del sub-comité del PER de su comunidad. Cuando se organizó el PNP, se unió al nuevo partido de estadidad y fue electo de nuevo presidente del sub-comité en su sector. Lolo, trabajador activo del partido en constante interacción con la gente en su área, trata de vender la imagen de los Estados Unidos como una nación fuerte y rica donde «no existe gente pobre ni rica». Sus argumentos a favor de la estadidad se relacionan con los beneficios económicos que los pobres en Puerto Rico pueden derivar de tal asociación.

Cesáreo

Cesáreo, el único nativo de Cataño en el grupo de líderes políticos, nació en 1939 en la misma comunidad donde vive al presente. Su padre era obrero en una lechería cuando el área contaba con pocos residentes y se consideraba aún un barrio rural.

Cesáreo, casado y con dos hijos, estudió hasta el octavo grado. Obtuvo su primer empleo a los once años de edad como repartidor de leche en Cataño y un pueblo vecino. Durante seis años trabajó a tiempo parcial; después de abandonar la escuela comenzó a trabajar tiempo completo en el mismo empleo. Ha tenido varios empleos desde entonces. Trabajó como chofer de un tractor en los campos de caña localizados entre Bayamón y Cataño. Además ha trabajado como repartidor en una fábrica de colchones, como chofer para otra fábrica, como conserje en una agencia del gobierno y como mensajero en un banco de San Juan. También emigró a Florida por ocho meses para recoger tomates en una finca. En la actualidad, trabaja como chofer y mensajero de una fábrica en el área de Cataño.

Cesáreo es miembro activo de una iglesia protestante en Cataño y se considera a sí mismo un organizador comunal. Después de interesarse en la política ha estado trabajando con los niños de su comunidad en la organización de equipos de pelota y una tropa de Niños Escuchas.

Las actividades políticas lo atraen por la acción. Le gusta estar entre la gente y en las actividades generadas por la política partidista. A los veintiún años de edad ayudó al alcalde de Cataño en su campaña para la re-elección. Según Cesáreo, el alcalde estaba muy preocupado por el bienestar de la gente en el municipio, especialmente los pobres. Realizó los trabajos usuales de conseguir votos para el partido y distribuir tarjetas de votantes. En 1964, fue electo miembro votante del sub-comité del PPD en su comunidad, y presidente de la sección joven del partido del área de Cataño. Considera que su función política principal consiste en atraer a la gente joven al partido. En 1968, se unió al PP después que Sánchez Vilella asumiera la presidencia del partido. Su respaldo a Sánchez Vilella se debió a que lo consideraba el candidato preferido por el pueblo puertorriqueño. Cuando el PPD se organizó en Cataño, fue electo para los sub-comités de su comunidad y candidato a la asamblea municipal. Para él la política era un modo de ayudar a la gente.

Galo

Galo, el más joven de los líderes políticos prominentes en los arrabales de Cataño, nació en Santurce en 1941. Hijo de un chofer de taxi que emigró desde un pueblo en el centro de Puerto Rico y de una mujer procedente de un barrio rural de Bayamón, se crió y pasó la mayor parte de su vida en los arrabales. Cuando su familia fue desalojada de un arrabal en Santurce, su padre compró una casa en Cataño.[7]

Abandonó la escuela a los dieciséis años tras completar el noveno grado. Desde los primeros años de su adolescencia ha estado activo en la organización de la gente joven de su comunidad. A los nueve años de edad inició un pequeño negocio de venta de gallinas y cerdos, que criaba en su patio trasero. Aunque el negocio resultó próspero hasta cierto grado, cuando abandonó la escuela trabajó como pintor en una fábrica de muebles. Trabajó en la fábrica durante ocho años. Su siguiente y actual empleo es como pintor de casas por cuenta propia. La mayor parte de sus ingresos, que parecen relativamente altos de acuerdo al nivel de vida de su familia, proviene de los giros de un hermano en Nueva York que tiene varias empresas, sobre las que Galo nunca estuvo dispuesto a hablar conmigo. Era soltero cuando lo conocí, pero estaba comprometido con una joven en el arrabal donde se crió.

Su interés por la organización comunal comenzó a los doce años de edad cuando organizó un club de ciclistas entre los adolescentes. Además fue el fundador de un club recreativo de jóvenes «para mantener a los muchachos fuera de la delincuencia juvenil». Fue presidente de ese mismo club durante cuatro años. A los diecisiete años, fue uno de los organizadores de un movimiento para exigir al gobierno la mejora de las condiciones físicas del área. Renunció como presidente del Club de Jóvenes para dedicar la mayor parte de tiempo a la nueva organización, que duró nueve meses. El movimiento triunfó al obtener la promesa del gobierno de que las calles serían pavimentadas y el agua y la electricidad estarían disponibles para todos los residentes.

Su relación con la política partidista comenzó cuando tenía quince años al ser electo presidente de la sección juvenil de PIP en Cataño. Su padre era partidario de la independencia, y Galo considera que sus creencias políticas se deben a la influencia de su padre. Durante un mitin político tuvo una pelea con otro joven que trató de interrumpir el mitin. Comenzó entre él y el otro hombre una contienda hasta el punto en que cada uno temía que el otro lo matara. Galo fue el primero en disparar una noche cuando se encontraron en un bar y fue enviado a prisión por asesinato. Según Galo, los abogados del Partido Independentista no le ofrecieron sus servicios y sus padres contrataron a un abogado prominente, que era además un fuerte partidario del PPD. Después de tres años de prisión, Galo quedó libre bajo probatoria. Aunque no se supone que vote, él ha continuado haciéndolo y ha estado activo en la política. Después de su salida de la prisión, continuó interesándose por los asuntos de la comunidad, y el liderato del PPD en el municipio lo advirtió de inmediato. Dos de los líderes municipales se le acercaron para pedir su respaldo para la formación de un PPD fuerte en el área. Aunque era partidario de la independencia, aceptó porque «Muñoz Marín mantuvo su promesa de ayudar a la gente de mi comunidad». La verdadera razón detrás de su motivación para trabajar por los *populares* * consiste en su deseo de ser líder y ser siempre considerado como el hombre que puede controlar los votos de un área en particular. Estuvo activo en la campaña de 1960 y en 1964 fue electo presidente del sub-comité en su lugar de residencia. Ya que era un trabajador activo del partido y un orador articulado, constituyó uno de los mejores líderes que el PPD tuvo en los arrabales. Su enfoque de la labor política fue muy sencillo: hablar sobre los problemas inmediatos de la gente y prometerle mejores condiciones de vida, mientras los ayudaba en todos los problemas que confrontaban a diario.

En 1968 formó parte de la facción que estaba en contra del alcalde en el PPD. Su candidato fue derrotado y él no participó en la campaña porque estaba enojado con el liderato municipal del partido. Su queja principal consistió en que el liderato del PPD en Cataño no sabía cómo acercarse a la gente y no actuó con efectividad para obtener su respaldo porque no estaba ayudando a las personas con sus problemas. Cinco meses después de las elecciones se unió al PNP para «trabajar por el bienestar de la gente de Cataño». Aunque comenzó a trabajar con el partido de la estadidad, Galo aún se consideraba independentista y no veía ninguna incompatibilidad entre ambas posiciones porque, según él, el liderato del PNP en Cataño se preocupaba por el bienestar de la gente y él estaba trabajando con el partido a nivel municipal por esa razón.

Ramón

A los cincuenticuatro años de edad, Ramón era un firme partidario de la independencia política de Puerto Rico y un miembro del PIP. Nació en un barrio de la parte norte de la isla. Su padre era un carpintero, que pasó la mayor parte de su vida en una residencia en un área rural, trabajando en una central azucarera. Cuando era una criatura, Ramón fue a vivir con una pareja de amigos de sus padres, que vivía en un pueblo costero cerca del lugar de nacimiento de Ramón. Vivió en ese pueblo hasta los veintitrés años de edad y entonces se mudó a la parte este de la isla y llegó a Cataño en 1944, a los veintinueve años de edad, ya casado y con hijos.

Después de completar el noveno grado Ramón abandonó la escuela para buscar un empleo y mantenerse. Tuvo su primer empleo en una central azucarera donde trabajó en diferentes ocupaciones hasta que fue enviado al laboratorio para ayudar en el análisis del almíbar y la melaza. Se mantuvo activo como líder obrero en una huelga de los trabajadores de la caña de azúcar y, como resultado, fue despedido de su empleo y arrestado. Pasó dieciséis meses en la cárcel porque no pudo prestar fianza. Cuando se celebró el juicio, salió absuelto de todos los cargos. Desde esa ocasión ha estado trabajando como carpintero en diferentes lugares de Puerto Rico, y ha continuado activo en actividades sindicales. Aunque se interesa más por la organización obrera que por los asuntos comunales, Ramón se involucró también en un movimiento para combatir el desahucio de su arrabal cuando el propietario quiso desalojar a los residentes. El gobierno intervino y han podido permanecer allí, a pesar de que ahora una agencia gubernamental está expropiando el área.

A los veintiún años de edad, se inició en el movimiento obrero y en la política partidista al unirse al Partido Nacionalista.[8] Después de la confrontación de los nacionalistas con el gobierno en los años treinta, el alto liderato fue a prisión y el partido comenzó a decaer. Ramón, al igual que otros nacionalistas y partidarios de la independencia, se unió al PPD en 1940. Creyó que el PPD traería cambios sociales y económicos profundos y la independencia política de la isla. En 1944, Ramón se desencantó porque el partido ya no apoyaba la independencia. No votó en las elecciones de ese año y cuando la facción independentista del partido se unió para formar el PIP, se convirtió en un entusiasta seguidor del nuevo partido y miembro del comité municipal de Cataño. A pesar de sus críticas al liderato independentista y a la composición de clase media del partido, sigue como miembro leal.

Ramón, el único de los líderes en los arrabales de Cataño con ideología proletaria, es probablemente uno de los pocos individuos en el municipio con una conciencia de clase altamente desarrollada, a pesar de que no era marxista. Además era el más pobre de los líderes entrevistados.

José

José, hijo de un líder político que pertenecía a otro partido, contaba treintidós años de edad cuando lo vi por última vez en 1969. Nació en un pueblo costero al norte de Puerto Rico, pero pasó su niñez en el arrabal donde vive ahora. Mientras estuvo en el ejército se vio implicado en ciertas dificultades y fue licenciado. Después de regresar a Puerto Rico, fue a prisión por dos años por rehusar a casarse con una muchacha que estaba embarazada de él, a pesar de que se casó con ella después de salir de prisión. Además es psicológicamente inestable, por lo que se encuentra bajo tratamiento psiquiátrico.

De niño efectuó las tareas usuales que llevan a cabo los niños en el arrabal: cargar tierra para rellenar los callejones y patios y trabajar como limpiabotas. Cuando regresó del ejército, trabajó como camarero en un bar y luego de salir de prisión, como carpintero y soldador. Tiene un historial de accidentes en el trabajo, dos de ellos graves. Su propensión a los accidentes probablemente se relaciona con sus problemas psicológicos. Al presente se encuentra incapacitado para trabajar y recibe una pequeña pensión del seguro gubernamental por incapacidad ($35 semanales).

No ha participado nunca en la acción comunal y sus motivaciones para entrar a la política partidista nunca me resultaron bastante claras. Su primera tarea como trabajador de partido con el PER consistió en conseguir votos en las vecindades, en la identificación de los simpatizantes del partido y en realizar diferentes tipos de trabajos en el comité municipal. Ha estado más activo desde el plebiscito de 1967 y la subsiguiente organización del PNP. Varios vecinos le pidieron que organizara el sub-comité del PNP en su comunidad, y fue electo presidente y candidato a la asamblea municipal. En el momento del estudio, era un asambleísta fuertemente identificado con una de las facciones del PNP en el municipio. Cree en la estadidad como la mayor solución para los problemas de su sociedad y además se preocupa por ayudar a la gente en su comunidad. Considera que su labor como líder del partido y asambleísta consiste en conseguir suficiente ayuda gubernamental para mejorar las condiciones de vida de la gente en el área que representa.

EL PROCESO DE RECLUTAMIENTO

El examen de las motivaciones de los líderes para mantenerse activos en la política partidista y del proceso mediante el cual se incorporan a la organización de los partidos tiene doble importancia. Nos permite comprender por qué alguna gente se siente más inclinada a dedicarse a la política. Por otro lado el análisis del proceso de reclutamiento a las posiciones de liderato arroja alguna luz sobre la dinámica de los partidos políticos, especialmente cómo estos incorporan a la gente a sus organizaciones en el papel de líderes locales.

La mayoría de los líderes de los arrabales de Cataño han estado asociados o han simpatizado con el PPD en un período de sus carreras políticas. Con la excepción de los más jóvenes (Galo, José y Cesáreo), y de Lolo que siempre ha estado asociado con los partidos pro-estadidad, fueron movilizados por el PPD antes de las elecciones de 1940. El mensaje de reformas sociales y económicas del partido y su fuerte atractivo para las masas empobrecidas tuvo impacto en estos hombres. Felipe y Jaime eran activos trabajadores de campaña política cuando el PPD fue a sus primeras elecciones. Marcial y Ramón eran militantes del partido, aunque no trabajaron en esa campaña. Armando se unió al partido en 1944, impresionado con los logros de los primeros cuatro años de gobierno. Dos décadas más tarde, Cesáreo y Galo se unieron al partido porque creían en su mística como campeón de las reformas y el bienestar de los pobres.

La primera variable que se debe considerar en la explicación para el compromiso inicial con la política partidista constituye la movilización de los individuos influenciados por la ideología y el programa de un partido. Dos de los líderes se interesaron en la política como consecuencia del mensaje llevado a las masas puertorriqueñas por el PPD. Una segunda variable es la influencia de los padres o parientes en la decisión para participar activamente en la política. Cuatro de los líderes derivaron su interés por la política partidista de la influencia de sus padres, quienes eran políticos locales. El compromiso con una posición ideológica respecto al desarrollo político de su sociedad o con conceptos más abstractos, tales como la libertad y la justicia, constituye la tercera variable. Sólo un líder en el grupo de Cataño se unió a un partido político como resultado de un compromiso para trabajar por la realización de sus ideales. Una cuarta variable consiste en el interés por los asuntos comunales y una preocupación general por el bienestar del pueblo. La motivación inicial de Marcial y Cesáreo para trabajar para un partido político, fue su interés por ayudar a otra gente y a sus comunidades.

El último rasgo es compartido por todos los líderes, que siempre recalcaron la importancia de ayudar a otros, tanto en el nivel individual como en el colectivo. Considero que esta actitud se relaciona con el hecho de que los líderes, especialmente los representantes de partido en el poder, tienen cierto acceso a los políticos municipales e insulares, así como a los funcionarios gubernamentales que contribuyen a tomar decisiones que, de un modo u otro, afectarán a la gente en los arrabales. Siempre tuve la impresión de que los líderes comparten la actitud de exagerar su importancia y recalcar su papel como benefactores de la gente, aunque no tuve el tiempo y los recursos para estudiar sus rasgos psicológicos. Sin tomar en cuenta los hechos psicológicos, esta actitud se relaciona con la posición del líder en su comunidad y su relación con la organización del partido fuera de la comunidad; punto que discutiré más detenidamente en la sección siguiente de este capítulo.

El reclutamiento de estos hombres para la organización de los partidos se realizó en uno de dos modos. Algunos de ellos fueron reclutados por los residentes de las comunidades, los que prometieron apoyarlos si se convertían en candidatos para una posición en la organización de los partidos. Los otros cuatro fueron reclutados por líderes municipales, quienes se dieron cuenta de su capacidad como líderes o representantes del partido, como resultado de logros previos en la labor de partidos o en la mejora de las condiciones de sus comunidades. Antes de lograr la posición de líder local, siete de ellos se habían relacionado con grupos comunales que exigían ciertos servicios gubernamentales y siempre habían actuado como portavoces para las vecindades. Galo y Lolo fueron reclutados por líderes municipales enterados de sus habilidades como líderes.

En el caso de Galo, dos líderes municipales prominentes del PPD en Cataño fueron a su casa para invitarlo a que presidiera el sub-comité de su sector y ayudara al partido a obtener más votos en su área de residencia. Se reclutó a los otros dos como resultado de su trabajo previo con el comité municipal del PPD. Felipe es el único líder que puede ser clasificado como un funcionario que responde más a los líderes municipales que a la gente de su área. Como empleado del gobierno municipal, considera que debía trabajar para el partido en el poder y seguir las instrucciones dadas por el liderato municipal.

Con la excepción de Felipe, los líderes no dependían financieramente del gobierno o los partidos. Aunque Lolo trabajaba en una fábrica propiedad del presidente de su partido, su compromiso con la estadidad y los partidos que apoyaban esa ideología fue anterior a su empleo en la compañía. Aunque no niego las consideraciones económicas y es posible que otros individuos trataran de ocupar posiciones de liderato para recibir beneficios económicos directos, como resulta el caso de algunos líderes municipales, los nueve líderes que estudié no se ajustan al estereotipo del líder local como un individuo que obtiene recompensas económicas por su posición. Por otro lado, tienen ciertos gastos como resultado de su participación en la política, gastos que no se cubren con los fondos del partido. Los más solventes habían comprado sus propios altoparlantes y sistema de amplificadores. Utilizan sus carros, si tienen uno, para las campañas, pagan la gasolina y otros gastos de sus propios bolsillos. Cuando tienen que depender de otra gente o del comité municipal para conseguir los carros y altoparlantes no pueden lograr una campaña exitosa en sus áreas. Algunas veces, mediante el esfuerzo de los líderes, los sub-comités compran el equipo necesario para la campaña, si pueden recaudar suficientes fondos. Además, la mayoría de los líderes ha construido una estructura próxima a sus casas para efectuar reuniones y otras actividades de los sub-comités. Ellos mismos pagan por el costo de los materiales de construcción.

Las recompensas obtenidas por convertirse en un líder local no pueden medirse únicamente en términos económicos. Considero que existen recompensas psicológicas en recibir el reconocimiento como líder de la gente en los arrabales y de otros políticos que, para ciertos individuos, podrían ser más importantes que los beneficios económicos directos. Aunque ocho de los líderes incluidos en el estudio pueden haber recibido beneficios económicos indirectos a través de sus actividades políticas, no pude determinar qué beneficios materiales han recibido como resultado directo de sus carreras como políticos locales.

EL PAPEL DEL LÍDER

Los líderes locales en los arrabales tienen tres funciones principales. Sirven como intermediarios entre el gobierno y la gente. Si son miembros del partido de la mayoría, tratan de obtener de los funcionarios y los políticos gubernamentales (en los niveles municipal e insular), el cumplimiento de las demandas presentadas por la gente en sus sectores. Cuando pertenecen a los partidos de la minoría, tratan de obtener el apoyo de la gente en sus sectores mediante acusaciones al gobierno por negligencia en la concesión de lo que pide la gente. Los líderes locales de todos los partidos (incluso del partido en el poder) organizan demostraciones en contra de las agencias gubernamentales para hacerse eco de las demandas para las mejoras de las condiciones físicas de las comunidades. Los líderes políticos locales, también prominentes en los comités de ciudadanos, se organizan para promover el bienestar de las comunidades y sus residentes. La gente en los arrabales considera a estos grupos, que en Cataño no constituyeron nunca asociaciones comunales permanentes, como no políticos porque las organizaciones se cuidan de no identificarlos con un partido en particular. Los líderes locales utilizan a los comités para incrementar el apoyo que les da la gente y como instrumentos que movilizan a la gente para confrontar a los líderes municipales y los funcionarios gubernamentales. Esto es más común entre los líderes del partido en el poder. Las demandas colectivas por lo general tienen que ver con la extensión de servicios públicos y mantener en buenas condiciones las calles y los callejones. En tiempos de emergencia, tales como inundaciones o fuegos, los líderes desempeñan un papel clave al ayudar a otros y al obtener comida, ropa y asistencia médica.

Su segunda función consiste en interpretar a sus seguidores los programas e ideologías de sus partidos respectivos. Realizan esta labor al hablar en los mítines y en conversaciones con la gente durante visitas a sus casas, en las tiendas y en las esquinas de las calles. Explican lo que el partido está haciendo por el bienestar de la gente y lo que planifica hacer después de ganar las elecciones. Además, atacan de palabra a sus adversarios políticos. Tratan de crear una opinión pública al convencer a la gente de su análisis de los problemas y de las condiciones del país resulta el más correcto. Los líderes también refuerzan el mensaje que sus partidos y el alto liderato tratan de transmitir a través de los medios de comunicación en masa con las multitudes.

En la tercera función se encuentran incluidas todas las actividades relacionadas directamente con la obtención de votos y la conservación de un grupo de partidarios. El reclutamiento de voluntarios para el partido es una tarea principal y por lo general los líderes tienen que hacer la mayor parte del trabajo en los sub-comités y en las comunidades durante la época de elecciones. Conseguir votos en la vecindad, distribuir banderas y emblemas, reclutar funcionarios de colegios electorales y distribuir tarjetas de votantes consume la mayor parte de su tiempo cuando se acercan las elecciones. Además, tienen que organizar mítines y recaudar fondos. Entre las elecciones, los líderes pasan la mayor parte del tiempo tratando de resolver los numerosos problemas confrontados por la gente en su comunidad. Se supone que los buenos líderes mantengan una interacción regular con sus partidarios y descubran sus sentimientos hacia el partido.

Los líderes exitosos mantienen su posición de liderato mediante el control de los votos en sus comunidades respectivas. Tienen una percepción bastante exacta de cuántos votos controlan, al igual que cómo atraer a los votantes potenciales, ya que están en constante interacción con los residentes durante la campaña. El liderato municipal e insular del partido está enterado de que el éxito en obtener bastantes votos depende de los líderes locales. Por lo general, se consulta en los asuntos locales a un buen líder con bastantes partidarios y la habilidad de movilizar a la gente para su partido. Cuando el alto liderato toma decisiones, que en ocasiones los observadores externos consideran como autoritarias e impuestas a los líderes locales, ya se ha obtenido el consentimiento de estos últimos. Aún cuando los líderes locales no están por completo de acuerdo con la decisión, tratan de defenderla para mantener un frente unido en contra del adversario a fin de que no se debilite la organización del partido. El hecho de que los líderes locales están más cercanos a los votantes que otros líderes del partido, brinda a los primeros cierto poder de regateo al tratar con el alto liderato del partido; hecho que no han notado los que tienden a considerar a los partidos políticos de Puerto Rico como instituciones autoritarias.[9] Si un líder local considera que las decisiones le han sido impuestas, se desencantaría y podría retirarse de la participación política activa o unirse a otro partido. Cuando un partido político trata de forzar al liderato local a aceptar las decisiones tomadas en un nivel más alto, aumenta el riesgo de perder el apoyo de este último. Esto se observó en Cataño durante las elecciones de 1968 cuando los líderes locales del PPD renunciaron a sus posiciones porque estaban insatisfechos con los métodos utilizados por los líderes municipales para elegir a los delegados para la convención del partido. Otros se tornaron inactivos durante la campaña, aunque no expresaron abiertamente sus agravios hacia el liderato municipal del PPD. Por otro lado, los líderes locales del PNP se dividieron en dos facciones antes de las elecciones (véase el Capítulo IV), pero pospusieron la discusión del conflicto hasta después de las elecciones.

El papel de líder político local como mediador entre el gobierno y los partidos políticos por un lado, y la gente de los arrabales por el otro, se ha analizado en este capítulo. El líder local, en su papel como mediador tiene que mantener interacción regular, a menudo en un plano personal, con la gente de su área, especialmente con los partidarios de su partido. Al mismo tiempo, y en particular durante un año electoral, tratará de llegar a otros votantes potenciales para su partido.

La ausencia de una ideología definida entre la gente de los arrabales, junto con la tendencia a votar por el partido que puede cumplir con sus demandas inmediatas, impone al líder local la necesidad de proveer ciertos servicios a la gente. De este modo, un líder local tratará de fomentar una imagen como un individuo preocupado por el bienestar de la gente y dispuesto a hacer favores. En el desempeño de sus tareas, el líder solicitará a los políticos municipales e insulares los servicios públicos que exige la gente. El hecho de que el líder local no controle los recursos disponibles para resolver las demandas individuales y colectivas en los arrabales, probablemente constituye su problema principal. Si es miembro del partido en el poder, en su municipio necesitará el apoyo del alcalde para obtener ciertos servicios para la gente en su área. Si el gobierno municipal no puede proveer los servicios necesarios, el líder local tendrá que obtenerlos mediante los esfuerzos del liderato insular de su partido. En este sistema, los líderes locales de los partidos minoritarios que no tienen representantes en la legislatura insular y cuyos recursos son limitados, están en clara desventaja y no pueden competir con el partido en el poder. Sin embargo, los líderes locales del partido principal de oposición pueden presentarse ante el pueblo como una alternativa cuando los representantes del partido en el poder fracasen en el cumplimiento de las demandas del pueblo.

Para poder triunfar, el líder local tiene que mantener un balance adecuado entre las exigencias de la gente en su área y su acceso a los líderes de alto rango en la jerarquía del partido, que controlan los servicios públicos disponibles para la gente. Aunque el líder local tratará de tener un gran grupo de seguidores, su apoyo dependerá de su habilidad para obtener del alto liderato los servicios que pide la gente. El líder local tratará de canalizar todas las demandas por vía propia y de su partido para evitar que otros partidos exploten los problemas locales. Los líderes locales de los partidos, quienes favorecen la continuación de la estructura socioeconómica actual de Puerto Rico, no difieren del resto de la gente en los arrabales en su carencia de conciencia de clase. Estos líderes no cuestionan la capacidad del sistema para proveer un nivel de vida adecuado a todos los puertorriqueños. En su papel de intermediarios entre los partidos cuyo liderato insular se compone de los grupos de ingresos más altos y de la gente pobre de los arrabales, los líderes locales desempeñan el papel de agentes de control. Como agentes de control, transmiten la ideología de los grupos gobernantes puertorriqueños, la que también difunden a través de los medios de comunicación en masa y el sistema escolar, y a la vez evita la formación de conciencia de clase entre los pobres de zona urbana.

VI. CONCLUSIONES

En este estudio me he propuesto examinar el comportamiento político de los pobres de zona urbana en el Puerto Rico contemporáneo, su participación en la política partidista y sus preferencias al votar durante una elección general. El propósito principal de la investigación ha sido determinar la relación de la pobreza y la residencia en asentamientos ilegales y en caseríos, con las creencias políticas y el comportamiento político en general. Se intentó observar las instituciones políticas y al liderato político, tanto local como insular, desde la perspectiva de los pobres de zona urbana. Como resultado tuvimos que considerar en el análisis los siguientes aspectos: los problemas diarios confrontados por estas personas; la estructura social de su comunidades de residencia; su interacción con los parientes, vecinos y líderes políticos locales, así como su dependencia del gobierno y de las instituciones políticas.[1]

Los resultados de la investigación indican que los residentes de los arrabales y *caseríos* * de Cataño dieron un respaldo arrollador, en las elecciones de 1968, a un partido político cuyo liderato insular representa el estrato superior de la sociedad puertorriqueña, compuesto por negociantes ricos, abogados de corporaciones y profesionales muy bien pagados. El respaldo brindado a este partido por los pobres de zona urbana no se limitó al área de Cataño, según se ha demostrado en un estudio del comportamiento electoral en el municipio de San Juan (Quintero, 1970). Aunque, desde una perspectiva insular y comparado con otros partidos políticos, el PNP puede considerarse como un partido conservador, un gran segmento de los pobres de zona urbana en Cataño miraban a ese partido desde una perspectiva diferente durante el año electoral de 1968. La visión desde el arrabal, para parafrasear a Lisa Peattie (1968), consistía en considerar al PNP como el partido que podía mejorar las condiciones de vida de los pobres. El PPD había fracasado en la solución de la desigualdad social extrema, el desempleo iba aumentando, la gente estaba preocupada por el aumento en la adicción a drogas y la administración del PPD estaba derrumbando sus comunidades para construir *caseríos*.* Tanto a nivel insular como local, la campaña del PNP prometió solucionar estos problemas. El interés principal de los pobres de zona urbana en Cataño consistía en un cambio de los individuos encargados de la administración gubernamental y en cambiar la calidad de los servicios públicos que afectaban directamente su bienestar e intereses de grupo.

Sin tomar en cuenta el hecho de que el liderato insular del PNP está asociado con el estrato superior de la sociedad puertorriqueña, la gente en los arrabales y *caseríos** de Cataño le brindó gran apoyo debido a tres razones principales.

En primer lugar, el liderato local, en contacto estrecho con los votantes no representaba necesariamente a las grandes empresas y al capitalismo corporativo. En el caso de Cataño eran trabajadores que habían vivido o vivían aún en los arrabales, interesados por obtener poder político para sus propios propósitos o para generar ciertos cambios en las condiciones socioeconómicas de los residentes de su área. La segunda razón era que el PNP desarrolló una campaña exitosa, la que puso énfasis en las desigualdades presentes en esta sociedad, en tanto recalcaba el compromiso del partido con la gente pobre al prometer varias reformas a fin de mejorar las condiciones del pueblo, en especial entre los pobres de la zona urbana. La tercera razón consistió en el fracaso del partido en el poder (PPD), al no establecer un programa de desarrollo capaz de reducir las desigualdades sociales y económicas, y el concomitante desarrollo de un proletariado urbano, asediado por las inseguridades económicas causadas por el desempleo y los salarios bajos.

El clasificar a los pobres de zona urbana como conservadores, liberales o radicales, no provee una explicación adecuada, pero sí mediante la comprensión de las alternativas genuinas que les presentaron durante la campaña de 1968. El criterio desde la perspectiva insular, según se percibe a través del trasfondo del alto liderato del PNP y de su campaña demagógica, y de acuerdo con la apreciación por parte de algunos intelectuales y científicos sociales puertorriqueños, difiere por completo del criterio del arrabal. La mayoría de los pobres de zona urbana en Cataño, y probablemente en todo Puerto Rico, enfocó la campaña de 1968 y al liderato del PNP desde una perspectiva diferente. La comprensión de esa perspectiva me permitió entender que su comportamiento político no puede evaluarse como conservador sin considerar todos los factores relacionados con la toma de decisiones políticas. Sin embargo, antes de elaborar mi explicación de sus perspectivas políticas es necesario explicar el significado de conservadurismo, liberalismo y radicalismo en el pensamiento político puertorriqueño actual.

Los sectores conservadores de la sociedad puertorriqueña están asociados con la preservación total de la dependencia política y económica respecto de los Estados Unidos. Defienden la integración total a través de la estadidad u otra posición, tales como el Estado Libre Asociado con un mercado común, la ciudadanía y defensa común, que significa servir en las Fuerzas Armadas de los Estados Unidos, y el uso del territorio puertorriqueño para establecer bases militares. En concordancia con esta ideología, constituyen fuertes partidarios de la política y el militarismo americanos en el extranjero. Además, son firmemente anti-comunistas, sin definir en realidad lo que entienden por comunismo, y partidarios de la empresa privada no regulada. Como resultado, por lo general están en contra de la clase obrera, apoyan las grandes empresas, critican las libertades civiles y defienden un vago concepto de «la ley y el orden», que recalca la importancia de preservar la democracia y el capitalismo americanos actuales, aún si para lograr sus metas tienen que negar la libre expresión y otros derechos civiles a los grupos minoritarios.

Por lo general, el liberalismo en Puerto Rico no se encuentra entre los partidarios de la estadidad, aunque existe un grupo relativamente pequeño de ciudadanos y políticos que favorecen la estadidad y, al mismo tiempo son críticos del capitalismo corporativos, defensores de los movimientos a favor de los derechos civiles y de las reformas, tanto en Puerto Rico como en Estados Unidos. La mayoría de los liberales puertorriqueños favorecen la integración de la isla al sistema político y económico de los Estados Unidos, con cierto grado de autonomía en los asuntos locales y más participación en la determinación de qué legislación federal debería aplicarse a Puerto Rico. El liberalismo en esta sociedad está completamente identificado con el establecimiento de un estado benefactor, y mayor participación del ciudadano medio en los asuntos gubernamentales. Además, los liberales son defensores de todos los derechos civiles. Algunos de los defensores de la independencia política de Puerto Rico de los Estados Unidos, pueden considerarse como liberales porque les gustaría establecer una república con economía capitalista, donde el poder político pudiera estar controlado por patronos nativos, y la garantía de conservar todas las libertades civiles tradicionales en las sociedades capitalistas altamente desarrolladas. Tienen en mente el establecimiento de una socidad más igualitaria, que, sin abolir las diferencias de clases, mitigaría las desigualdades del capitalismo, según se practica en Puerto Rico.

El radicalismo está asociado con el respaldo de la independencia política y la total reorganización de la sociedad para desarrollar cierto tipo de socialismo. Aunque algunos partidarios de la independencia están incluidos en el sector liberal, según ha sido representado por el Partido Unión Puertorriqueña (PUP), la gran mayoría de los defensores de la independencia es clasificada como radical por los medios masivos de comunicación, así como por ellos mismos. La conservación de un sistema colonial en Puerto Rico y el desarrollo de una nueva generación de independentistas influenciados por los cambios ocurridos en América Latina y en el resto del Tercer Mundo, ha contribuido a la radicalización de la mayoría de los defensores tradicionales de la independencia, que hace dos décadas hubieran estado satisfechos con el establecimiento de una república liberal con economía capitalista. En la actualidad, la mayoría de los partidarios de la independencia están también a favor del establecimiento de una república socialista, aunque existen algunas variaciones en las estrategias y orientaciones en la lucha para lograrlo.

Mientras los conceptos de radicalismo, liberalismo y conservadurismo son utilizados por los políticos insulares y aparecen en los medios de comunicación en masa, especialmente el primero, por lo general la mayor parte de los puertorriqueños no los utiliza. La mayoría de la población no podría ofrecer una explicación adecuada para los tres términos porque, hasta hace muy poco, no habían formado parte del lenguaje político utilizado en la sociedad.[2] En general, los términos utilizados son derivaciones de los nombres de los símbolos de los diferentes partidos, tales como *populares* * (PPD), *republicanos* * (PER y PNP), *penepeísta* * (PNP), *pipiolos* * (PIP), *emepeísta* * (MPI), así como independentistas, estadistas, *estadolibristas* * (partidarios del Estado Libre Asociado) y comunistas, lo cual para muchos constituye sinónimo de independentista.

Cuando Lewis (1966 b) y Maldonado Denis (1969) argumentan que los pobres de zona urbana apoyan a los partidos políticos conservadores, quieren decir que por lo general los primeros votaron por el PPD o el PER en elecciones previas, y por el PNP en 1968. Según he mencionado antes, la perspectiva política del arrabal y del *caserío* * difiere del análisis y de las orientaciones del científico social y de los puertorriqueños de clase media. El apoyo dado por los pobres de zona urbana al PNP en 1968, y antes al PPD y al PER, no tiene nada que ver con el conservadurismo, como ya se explicó. El voto por el PNP constituyó un voto de protesta en contra del fracaso de la política gubernamental del PPD, y un modo de expresar un deseo de ciertos cambios para mejorar sus condiciones sociales y económicas.

Parece contradictorio que la gente brinde apoyo político a los líderes que representan las fuerzas que fomentan la desigualdad social y utilizan el poder político para intensificar sus posiciones de dominio económico y político. Además, resulta lógico preguntar por qué los pobres no se rebelan en contra de los que los explotan directa o indirectamente. Aunque la gente en los arrabales tiene conciencia de las desigualdades sociales presentes en Puerto Rico, su idea sobre el sistema social y económico difieren de lo que los científicos sociales definirían como una realidad objetiva que se nos revela a través del análisis de las condiciones sociales, los niveles de vida, el acceso a la riqueza y otras características de una sociedad cuyo crecimiento económico ha favorecido más a algunos sectores que a otros. Varios estudios e informes gubernamentales que indican una prevalencia amplia de graves desigualdades en el acceso a la riqueza y en las oportunidades para mejorar el nivel de vida, han acabado con la creencia en la capacidad del sistema económico puertorriqueño para establecer una sociedad más igualitaria. El estudio de Castañeda y Herrero (1965), que indica que a la desigualdad en la distribución de ingresos ha ido aumentando en lugar de disminuir; el informe confidencial sobre la persistencia de la pobreza (Miller, 1964), el trabajo de Lewis (1966), y un seminario sobre la pobreza patrocinado por la Escuela de Administración Pública de la Universidad de Puerto Rico,[3] son ejemplos de la persistencia del acceso desigual a los beneficios económicos. La campaña electoral del PNP en 1968, con su énfasis sobre la existencia de desempleo, pobreza extrema, facilidades médicas inadecuadas, educación sub-estándar, la gran frecuencia de la adicción a drogas y otros problemas confrontados por los puertorriqueños pobres, constituyó también un testimonio de las desigualdades todavía presentes. Mientras los científicos sociales y los sectores más educados de la sociedad puertorriqueña consideran que la pobreza extrema y la desigualdad social podrían abolirse sólo mediante un esfuerzo combinado del gobierno y los ciudadanos para desarrollar una política económica proyectada hacia el futuro, los pobres de zona urbana se preocupan más por los intereses inmediatos a fin de aliviar sus problemas.

Los líderes políticos del PPD, a nivel local, fomentaron la dependencia de los políticos para obtener reformas menores y ayuda inmediata. Mientras fue posible proveer los materiales para la construcción de casas, calles pavimentadas y dispensarios médicos, los pobres de zona urbana estuvieron en cierto grado satisfechos, pero cuando, como en el caso de Cataño, los líderes municipales del PPD se encontraron incapacitados para satisfacer las demandas de la gente por ayuda inmediata, los residentes de los arrabales consideraron que era culpa de los líderes, que no se preocupaban por su bienestar. Los líderes locales del PNP se valieron de este hecho para prometer todo lo que no pudieron proporcionar los líderes del PPD. El partido en el poder, identificado con la destrucción de las comunidades y el incumplimiento de promesas hechas desde hace mucho tiempo, que además era víctima del faccionalismo y de una lucha implacable por las posiciones de poder, fue entonces rechazado por la mayoría de los pobres de zona urbana en Cataño, que desviaron su lealtad hacia el PNP. La información inadecuada de los pobres de zona urbana acerca de cómo funcionan en realidad los sistemas económicos y políticos, junto con el hecho de que no perdían nada al dar su voto al PNP, también proporciona una explicación adecuada de su comportamiento electoral. Esto puede observarse mejor en el caso del programa de renovación urbana. La mayoría de los residentes de los arrabales y *caseríos* * de Cataño se oponía a la destrucción de los arrabales y a la construcción de caseríos. Al no poder enfrentar al gobierno para detener el programa de renovación urbana, consideraron que los líderes locales e insulares del PPD los habían manipulado con promesas vagas de rehabilitación de sus comunidades. La creencia en el enorme poder del gobierno fomentado por los líderes del PPD, tanto a nivel local como insular, indujo a la gente a creer que los líderes podrían detenerlo y rehabilitar las comunidades sin forzar a los residentes a mudarse. El hecho de que los proyectos de renovación urbana habían sido aprobados algunos años antes, que involucraron fondos federales y que la renovación del área formaba parte de un plan maestro de desarrollo urbano del área metropolitana de San Juan, era desconocido por los residentes de los arrabales de Cataño. Aún cuando no creían por completo que el PNP pudiera detener el programa de renovación urbana, no tenían nada que perder al dar su respaldo a este partido. Cuando el nuevo gobierno tomó posesión y aún se obligaba a la gente a mudarse, los residentes de Cataño comenzaron a preguntar qué había ocurrido con las promesas de campaña. Durante una reunión en uno de los arrabales, el director de la Corporación de Renovación Urbana tuvo que hacer frente a una gran multitud cuyos portavoces preguntaban una y otra vez por qué el nuevo gobierno había continuado la destrucción de los arrabales. El director se vió forzado a admitir que los planes habían sido aprobados hacía mucho tiempo con fondos federales involucrados, y que no había modo de detener el proceso.

Las conceptualizaciones de los pobres sobre el sistema social de Puerto Rico no dependen exclusivamente de su falta de información sobre ciertas áreas cruciales. También son el resultado de su estado de dependencia de los que controlan el acceso al poder político económico dentro o fuera de sus comunidades; en otros términos, su carencia de cualquier poder real para influir en el proceso de tomar decisiones. Esta falta de poder se relaciona con la estructura interna de los arrabales y su marginalidad de la sociedad más amplia, lo que significa ser parte de un sistema más grande sin tener plena participación en el mismo.

Los arrabales y los *caseríos* * de Cataño se caracterizan por dos rasgos principales que pueden llamarse homogeneidad externa y diferenciación interna. Para la sociedad más amplia los pobres de zona urbana aparecen y son tratados como un grupo homogéneo. Esta homogeneidad se relaciona con los rasgos que los distinguen de otros sectores de la sociedad.

Los pobres de zona urbana residen principalmente en arrabales y caseríos. Con la expansión urbana en el área de San Juan, sus comunidades se van segregando de otros sectores desde el punto de vista geográfico. Como grupo, se caracterizan por ingresos bajos, empleos no diestros y un nivel educativo bajo. Tienen una frecuencia mayor de adicción a drogas y delincuencia. Por añadidura dependen más del gobierno que los grupos de ingresos medios y superiores, aunque su dependencia haya sido exagerada en muchas ocasiones. Dependen del gobierno para conseguir ayuda del bienestar público, servicios médicos y en emergencias como inundaciones o fuegos. También dependen de la provisión de servicios públicos que son fácilmente accesibles para los grupos de ingresos medios, tales como calles pavimentadas y bien alumbradas, electricidad en las casas, agua potable y facilidades de alcantarillado. El hecho de que sean invasores de terrenos públicos o privados, o inquilinos de caseríos, constituye su dependencia principal de las agencias gubernamentales y los políticos. Aunque el desempleo es también un problema principal para ellos, los datos de Cataño indican que la mayoría de la gente no depende del gobierno o los políticos para obtener empleos. Por lo general, confían en los amigos, parientes o individuos que han conocido bajo diferentes circunstancias (tales como antiguos patronos), para obtener empleos, más que en los funcionarios gubernamentales o los políticos locales.

La ausencia de organizaciones de los pobres de zona urbana, con la excepción de las cooperativas de ahorro y los grupos comunales temporeros para resolver problemas inmediatos, reduce su efectividad como grupo de presión para representar su interés y crear una organización fuera de los partidos políticos para neutralizar tanto las relaciones de poder en esta sociedad como la gran influencia de los grupos opulentos y las organizaciones comerciales en los procesos de tomar decisiones. Las uniones obreras no han proporcionado el marco para organizar a los puertorriqueños pobres debido a dos razones principales: 1) están controladas por burócratas en alianza estrecha con el gobierno y los partidos políticos, y 2) limitan sus demandas para obtener beneficios inmediatos, tales como mejorar las condiciones de trabajo y conseguir salarios más altos sin cuestionar las desigualdades del sistema presente. Los líderes obreros no han contribuido al desarrollo de conciencia de clase.[4] Por otro lado, un gran por ciento de los trabajadores puertorriqueños no están organizados en uniones obreras, en especial los trabajadores de fábrica y construcción,[5] que constituyen la mayoría de los trabajadores que viven en los arrabales de Cataño, y en otras partes del área de San Juan.

La ausencia de organizaciones que representen a los pobres y defiendan sus intereses, refuerza la dependencia de los partidos políticos tradicionales como los únicos instrumentos a disposición de la gente en los arrabales para obtener ciertos beneficios como grupo. Esta situación es manipulada con facilidad por los políticos, que prometen la entrega de bienes y servicios para atraer a los partidarios. Se brindan beneficios aparentes a los pobres de zona urbana para mantener cierto respaldo entre éstos, en especial durante un año electoral.

La ausencia de organizaciones de los pobres de zona urbana para defender sus intereses como grupo, tiene dos explicaciones. La primera es que el control que tienen los grupos gobernantes puertorriqueños sobre los medios de comunicación en masa, el sistema educativo y los partidos políticos, impide el desarollo de conciencia de clase y que la gente cobre conciencia de que con una organización fuerte, aparte de los partidos políticos tradicionales, puede retar la estructura de poder de esta sociedad. La segunda explicación consiste en la estructura social de las comunidades de los pobres de zona urbana, la que, en lugar de promover la solidaridad y el interés de clase, tiende a desarrollar actitudes individualistas que dividen a la gente en vez de promover cooperación y su integración a los grupos políticos que pueden retar a quienes controlan la estructura de poder de la sociedad puertorriqueña.

La estructura social de los arrabales se caracteriza por el rasgo que he denominado diferenciación interna. Aunque desde la perspectiva de la sociedad insular o más amplia, los arrabales parecen comunidades homogéneas de individuos de clase obrera, desde el interior se diferencian mucho en términos de ingresos, aspiraciones y condiciones generales de vida.[6] Los arrabales de Cataño muestran las diferencias en la población comunes a las comunidades establecidas desde hace mucho tiempo, donde los individuos y las familias han tenido diferentes oportunidades para mejorar sus condiciones económicas, a pesar de que comenzaron desde una base común. En términos de ingresos, los arrabales tienen un patrón de estratificación, que incluye a las personas que apenas subsisten, cuyos ingresos provienen de empleos ocasionales y ayuda del bienestar público, y a los trabajadores diestros o a los pequeños comerciantes. Estas diferentes vías de acceso a la riqueza se manifiestan en las condiciones de vida. Los grupos de ingresos más altos residen en áreas cercanas a las calles principales, que por lo general están pavimentadas y durante la noche, alumbradas. Todos cuentan con electricidad, agua potable y en algunas ocasiones un inodoro interior. Las casas están bien construidas y son más espaciosas, completamente amuebladas y tienen la mayoría de los artefactos eléctricos, tales como televisor, radio, tocadiscos, máquina de lavar y plancha eléctrica. Además tienen más dinero para alimentos, ropa y recreación, y su nivel de vida no difiere del de la clase media baja puertoriqueña.

Por lo general, los comerciantes son las personas más ricas en los arrabales y un tanto poderosos, porque controlan el acceso al crédito. Parece que los individuos quienes están más libres de privaciones económicas serias y tienen más educación (si no en términos de años escolares, en términos de conocimiento sobre cómo tratar con las instituciones gubernamentales y los políticos), son más propensos a participar en las organizaciones existentes en las comunidades, tanto comunales como políticas.

El hecho de que mediante una combinación de trabajo, economía, buenas conexiones con la gente fuera del arrabal y alguna suerte, algunos individuos han podido ascender en la escala socioeconómica sin dejar el arrabal, refuerza la ideología sostenida por los puertorriqueños de los sectores de la clase alta y media, y perpetuada por medio del sistema escolar, los medios de comunicación en masa y los partidos políticos, según la cual estas oportunidades están disponibles si el individuo está dispuesto a trabajar por su propio progreso. Los políticos locales y otros individuos que actúan como mediadores entre la sociedad insular y los residentes del arrabal, también creen en esa ideología y la trasmiten a los otros. Al mismo tiempo, actúan como agentes de control que disuaden a la gente de asumir posiciones más militantes en contra de los que mantienen el poder en la sociedad insular o sus representantes locales. Toda la dinámica social tiende a frustrar la promoción del interés de grupo y comportamiento colectivo como una clase. Todos estos factores internos, junto con las condiciones generales descritas en la sociedad insular, no proporcionan otra alternativa aparte de la de tratar con los políticos locales como el único modo de obtener ciertos beneficios que los individuos no pueden conseguir con sus propios recursos. Esto ha creado además una ideología de que los pobres no pueden hacer otra cosa sino tratar con las personas quienes tienen poder en cierto tipo de progreso de regateo, el cual podría llamarse manipulación doble.

En este sentido, los conceptos de los políticos de cómo trabaja el sistema son compatibles con los conceptos de los pobres acerca de sus posibilidades de obtener ciertos beneficios, y de cómo trabaja el sistema político. Los políticos prometen ciertas cosas a la gente, cosas que pueden obtenerse si se les brinda respaldo durante las elecciones. De este modo, los políticos manipulan a la gente para que vote por ellos a cambio de ciertos bienes y servicios a distribuirse en el futuro. A su vez, los pobres de zona urbana saben que la única posibilidad para ellos, en la ausencia de otras alternativas reales es apoyar a los políticos que prometen ciertas cosas y cuya capacidad para distribuir bienes y servicios es aún creíble. Los pobres de zona urbana y los políticos dependen unos de los otros. Cuando los políticos no pueden cumplir sus promesas, los pobres de zona urbana retiran su respaldo, mientras, al mismo tiempo, tan pronto como un político se entera de que está perdiendo apoyo trata de proporcionar ciertos bienes y beneficios a los votantes. Si no es capaz de proveerlos, tratará entonces de obtener a otros partidarios para contrapesar a los que está perdiendo. Ambos participan en un sistema cuyas bases ideológicas y estructural no se cuestionan. La información limitada de los pobres de zona urbana sobre el sistema económico complejo junto con la tendencia del político de atribuirse el poder de distribuir bienes y servicios, refuerza la ideología individualista de los pobres de zona urbana. En lugar de concebir la sociedad como un sistema donde los bienes y servicios son limitados debido a su estructura económica, se considera que su falta de acceso a éstos es culpa de otros individuos (los políticos), que no han cumplido sus promesas electorales. La única alternativa, según lo conciben los pobres de zona urbana y lo expresa la propaganda política, consiste en cambiar a los individuos que ocupan posiciones de poder sin cuestionar la habilidad del sistema para proveer lo que pide la gente. En este sentido, los pobres de zona urbana y los políticos complementan las opiniones los unos a los otros sobre la naturaleza del sistema político de Puerto Rico.

NOTAS

Capítulo I

1. La literatura sobre el tema es extensa e incluye muchos informes de agencias gubernamentales en diferentes países. En los Estados Unidos, la Biblioteca del Congreso publicó una bibliografía en 1966. Ferman y otros (1968), también incluyen una bibliografía adecuada. En otros países la información sobre los materiales publicados está dispersa en muchos libros, periódicos e informes. Abrams (1966) y Turner (1966) han incluido parte de esta literatura en sus bibliografías.

2. En esta categoría se incluyen entre otros, los estudios realizados por Lewis (1959, 1966a, 1966b); Clark (1965); Frazier (1966); Liebow (1967); Valentine (1968); Peattie (1968); Mangin (1970); Ray (1969); y Hannerz (1969).

3. La crítica principal al concepto de la cultura de la pobreza, según lo desarrolló Lewis (1966a, 1966b), y la controversia actual sobre el tema se encuentran en: Adams (1969); Batelli (1969); Lewis y otros (1968); Mangin (1970); Valentine (1968); y Valentine y otros (1969).

4. Una buena explicación del concepto de la marginalidad se encuentra en González Casanova (1965); Nun (1969); y Stavenhagen (1969). Otros artículos acerca del tema están incluidos en la Revista Latinoamericana de Sociología (1969: 5: 2).

5. Considero que el estudio realizado por Lewis (1966) sobre los arrabales de San Juan, ha contribuido a crear una visión distorsionada de los puertorriqueños pobres de zona urbana. Aunque este estudio no intenta ser una respuesta a Lewis o una crítica de su trabajo, resulta inevitable discutir algunos aspectos de sus libros y oponerse a algunas de sus conclusiones.

6. Según Harrington (1963), entre un veinte y un veinticinco por ciento del total de la población (de cuarenta a cincuenta millones) se puede clasificar como pobre. En 1965, Orshansky consideró que 29,7 millones de personas bajo el límite de pobreza. Los problemas de definir y contar a los pobres se explican adecuadamente en un libro de texto, editado por Ferman y otros (1968).

7. No quiero decir que todos los residentes de los "ghettos" participan en motines. Mi planteamiento es que los motines han ocurrido entre los pobres de zona urbana en algunos países como Estados Unidos, mientras en otras sociedades los pobres de zona urbana no han recurrido a la violencia. Véase a Hannerz (1969: 159-176) para una descripción de la dinámica de un motín en un "ghetto" de negros.

8. Gran parte de la investigación en América Latina se ha concentrado en los asentamientos no regulados. Véase a Patch (1961) y a Lewis (1959) para referirse a estudios de los barrios pobres.

9. Una buena bibliografía sobre los asentamientos no regulados puede encontrarse en Cornelius (1969), Leeds (1968), Morse (1965), Mangin (1967) y Turner (1966). En una novela de Verbitsky (1967), se provee una excelente narración de la vida en un asentamiento no regulado en Argentina.

10. El nombre con que los puertorriqueños designan los asentamientos no regulados. He considerado conveniente utilizar la palabra en todo este libro.

11. En 1970, el área metropolitana de San Juan tenía una población de 839.097, de acuerdo a informes publicados en los periódicos.

161

12. La Administración de Renovación Urbana y Vivienda de Puerto Rico (ARUV), ha publicado varios informes sobre las condiciones de los arrabales del área metropolitana de San Juan. Las cifras utilizadas aquí fueron tomadas de esos informes.

13. Las cifras proporcionadas por el director de la Corporación de Renovación Urbana y Vivienda de Puerto Rico (CRUV) en una representación en televisión. También se publicó en un periódico. Véase El Imparcial. "*Los arrabales siguen creciendo en Puerto Rico*".* Jueves 6 de agosto de 1970, pág. 1.

14. Las implicaciones sociales y políticas de ese conflicto se discutirán en los capítulos siguientes.

15. Para una explicación general sobre la extensión de la pobreza en Puerto Rico, se refiere al lector a Miller (1964). La prevalencia de la pobreza en los arrabales es discutida por Lewis (1968, Marín 1967, 1969), y en el informe de la Junta de Planificación de Puerto Rico (1968).

16. Se llama *caseríos* * a las unidades de vivienda pública. El término implica viviendas para los pobres y tiene connotaciones negativas. Como resultado, la Corporación de Renovación Urbana y Vivienda (CRUV), los está llamando urbanizaciones públicas, aunque la mayor parte de los puertorriqueños, incluyendo sus residentes, continúan llamándolas *caseríos*.*

17. Ruiz (1966).

18. La isla está dividida en 76 municipios. Para una discusión de los municipios, véase Ramos de Santiago (1965), tomo dos, para una explicación del gobierno municipal en Puerto Rico.

19. San Juan, Bayamón y Carolina son los más grandes en territorio y población.

20. La gente estuvo muy hostil con nosotros cuando comenzamos a trabajar en la identificación de las estructuras porque nos confundieron con empleados de la Corporación de Renovación Urbana y Vivienda. Después de explicar lo que hacíamos y nuestros propósitos, generalmente se mostraron más curiosos que hostiles.

21. Las elecciones se celebraron en noviembre de 1968. La nueva administración asumió el poder en enero de 1969.

22. Había aproximadamente cien casas en esa área en particular.

23. Las *parcelas* * son lotes de tierra que se dan a los trabajadores agrícolas o a los residentes de áreas rurales que no poseen tierras. Cuando el programa se estableció por primera vez por el Título V de la Ley de Tierras de Puerto Rico, cambiaron de fincas de tres acres a un solar para construir una casa. Cuando se estableció la comunidad en Cataño, el área se consideraba rural y los lotes se distribuyeron entre los residentes del área.

24. Hacia finales de la investigación, el caserío estaba completamente ocupado.

25. Los datos sobre las características socio-económicas generales se recopilaron en 157 grupos domésticos. En cada grupo doméstico se seleccionó al azar a un individuo de 21 años de edad o mayor para ser entrevistado intensivamente acerca de los patrones de migración, del historial ocupacional y de la participación política. En algunos casos la persona seleccionada al azar no estaba presente y tuvimos que regresar en varias ocasiones.

26. Se incluyó a otro en el grupo, pero no fue posible terminar la entrevista. Se mantuvo pospeniéndola y nunca pude preguntarle acerca de sus actividades políticas.

27. Las invasiones de tierras, efectuadas por los residentes de los *arrabales* * y *caseríos* * antiguos para construir sus casas durante 1970-1971, y los primeros tres meses de 1972, puede considerarse como una rebelión en contra del sistema. La reacción de los funcionarios gubernamentales ha sido aprobar una nueva legislación, que considera un delito invadir tierras o ayudar a otras personas en la invasión.

Capítulo II

1. Las mejores fuentes sobre este período son Lewis, G. (1963, Mathews (1960), Steward (1956) y Tugwell (1947).

2. Véase Lewis, G. (1963).

3. Las mejores fuentes para el período después de 1940 son Lewis, G. (1963), la tesis

política del *Movimiento Pro Independencia* * (1969, y la introducción al nuevo programa político del *Partido Independentista Puertorriqueño* * (1970).

4. Véase Castañeda y Herrero (1965).

5. Los datos sobre la pobreza extrema en Puerto Rico se encuentran en Miller (1964); Morales Yordán (1971); y Fernández de Cintrón y Levine (1972).

6. Varios estudiantes y profesores jóvenes de la Universidad de Puerto Rico han expresado su interés por estudiar este período desde una perspectiva diferente, pero no se ha comenzado la investigación.

7. Puerto Rico está dividido en ocho distritos electorales para elegir a los miembros para la Cámara de Representantes y el Senado. Véas Ramos de Santiago (1965).

8. Después de las elecciones puede verificar mis observaciones con una de las personas encargadas de las encuestas del *Partido del Pueblo*.*

9. Los teóricos de la posición política de Estado Libre Asociado, en especial los sectores más liberales del PPD, al igual que los líderes del PP, han establecido ciertos rasgos necesarios para la permanencia y la viabilidad de este "status", que ellos llaman la culminación del Estado Libre Asociado. El concepto de culminación implica mayor autonomía para tomar decisiones locales, además que el gobierno puertorriqueño controle varias agencias del Gobierno Federal, tales como Aduana y la Oficina de Inmigración, entre otras.

10. Comunicación personal de antiguos colaboradores del ex-gobernador Sánchez Vilella.

11. El *bolitero* * es una persona encargada de la venta de números para el sistema de lotería clandestina conocido en Puerto Rico como la *bolita*.* Negrón López no fue acusado de vender los números él mismo, sino de ser el propietario de un sistema de lotería clandestina.

12. Rubén Berríos, el presidente del PIP, en una conferencia al sector joven del partido. Junio 1970.

13. Este punto se discute a cabalidad en el programa del *Partido Independentista Puertorriqueño* * (1970).

14. Después de las elecciones de 1968, el PIP sufrió cambios importantes en su ideología y su organización. Define la lucha por la independencia como una respuesta a la desigualdad social creada por el colonialismo y el capitalismo en Puerto Rico. El partido prevé la creación de una república socialista basada en las líneas establecidas en el nuevo programa (*Partido Independentista Puertorriqueño*,* 1970).

Capítulo III

1. La migración interna no se ha estudiado adecuadamente en Puerto Rico. El único material publicado que conozco es Augelli (1952). Véase a Vázquez Calzada (1966, 1968), para la emigración a los Estados Unidos y las características demográficas de la población de la isla.

2. Aunque el proyecto original de la investigación fue diseñado para estudiar los *arrabales* * de Cataño, tuvo que modificarse después de tres meses de trabajo de campo para incluir los dos caseríos mencionados en el texto. Las razones para esa decisión fueron incluidos con los arrabales en la organización política de los diferentes partidos y algunos líderes locales representaban a los residentes de los arrabales y de los *caseríos*.* Por otro lado, los *caseríos* * estaban ubicados al cruzar la calle desde Juana Matos, el *arrabal* * más grande de Cataño. La mayoría de los residentes de los caseríos, en especial en el nuevo, eran antiguos residentes de Juana Matos. Había interacción constante entre los residentes de Juana Matos y los de los *caseríos*.* El hecho de que éstos se afectaban también con el programa de renovación urbana que era una cuestión política crucial, fue también otro criterio considerado en la decisión de incluir a los residentes de los *caseríos* * en la muestra. Cuando se analizó la información de las entrevistas, no se encontraron ningunas diferencias significativas en términos de empleos, comportamiento político y otras características, entre los residentes de los *arrabales* * y la gente de los *caseríos*.*

3. *Fomento* * es la reducción del nombre que se da a la *Corporación de Fomento Indus-*

trial, una corporación pública que promueve el establecimiento de industrias y está encargada del desarrollo del sector industrial de la economía, así como del turismo.

4. Este licor se destilaba en los manglares cuando éstos estaban escasamente poblados. El ron ilegal proveía una fuente de ingreso a algunos invasores. Ya que los manglares estaban más cerca a las áreas urbanas más pobladas que los *barrios* * rurales, la transportación del ron a las tiendas de licor era más fácil y se corría menos riesgo de ser atrapado. Cuando la población en los asentamientos no regulados y la vigilancia policíaca aumentaron, se hizo más difícil destilar ron en las comunidades marginales.

5. El derecho de invadir tierras públicas tiene una larga tradición en Puerto Rico y la invasión no se consideraba ilegal hasta 1972 cuando la legislatura de la isla aprobó una ley en contra de la invasión de terrenos. Hasta 1972, el único medio con que contaba el gobierno para evitar la formación de asentamientos urbanos no regulados era destruir las casas antes de que se terminara su construcción. Después de que la casa estaba construida, el único recurso del gobierno consistía en acusar a los invasores de construir una casa sin un permiso de la Junta de Planificación. Si los funcionarios del gobierno destruían la casa, los invasores tenían que ser compensados por el costo de la casa. (Véase nota 8).

6. Véase Puerto Rico, *Administración de Renovación Urbana y Vivienda* * (1965).

7. A los residentes de los arrabales de Cataño les gusta su lugar de residencia porque tienen parientes y amigos en el área, poseen una casa o pagan un alquiler bajo y hay buena transportación pública.

8. La proliferación de las invasiones de tierras cerca de los centros urbanos más grandes durante 1970, 1971 y los primeros dos meses de 1972, crearon una pequeña crisis al gobierno. Como resultado, la legislatura insular aprobó una ley que considera un delito invadir tierras, tanto públicas como privadas.

9. Después de 1968, los asentamientos no regulados en Puerto Rico se han formado mediante invasiones de tierra organizadas, similares a las de las *barriadas* * de Perú y otras ciudades latinoamericanas.

10. Originalmente se llamó Villa Kennedy. Cuando los militantes del Partido Independentista Puertorriqueño comenzaron a organizar a los residentes, se cambió el nombre a Villa Betances. En 1971, los invasores fueron desalojados por la policía.

11. El *rosario cantado* * es una de las tradicionales rurales que persisten en los *arrabales* * de Cataño. Es una ceremonia religiosa reservada para el cumplimiento de una promesa a un santo. Para más información sobre los *rosarios cantados* * véase a Steward (1956) y Seda Bonilla (1964).

12. La muestra consistió en 157 grupos domésticos, en los cuales 745 personas vivían con un promedio de 4,8 personas por grupo doméstico.

13. La entrevista duraba de dos a tres horas. Fue necesario dedicar más tiempo a las preguntas relacionadas con el comportamiento electoral, la participación política y la ideología política, que a otros aspectos de la vida de las personas. El único modo de obtener un cálculo preciso de sus ingresos requería una entrevista más larga. Para mi investigación, un interrogatorio profundo sobre el comportamiento político era más importante que obtener más información precisa sobre el ingreso, y tuvimos que acortar esta parte de la entrevista. Una entrevista larga para determinar con cierta precisión el ingreso entre los puertorriqueños pobres, ha sido desarrollada por los profesores Barry Levine y Celia Fernández de Cintrón en su estudio de los ingresos bajos en las comunidades, patrocinados por el Centro de Investigaciones de Ciencias Sociales de la Universidad de Puerto Rico.

14. *Una financiera* * es una compañía de préstamos establecida recientemente en Puerto Rico. Los requisitos para obtener un préstamo son más flexibles que en los bancos, aunque el tipo de interés es más alto que en este último.

15. Esta sección explica solamente los grupos dentro del *arrabal* * y del *caserío*.*

16. *Mita* * es una secta evangelista cuyos seguidores por lo general son residentes de *arrabales* * y de ingresos bajos. La concentración mayor de seguidores se encuentra en lo *arrabales* * cercanos al caño Martín Peña en Hato Rey.

17. Véase a Turner (1966) y a Frankenhoff (1967).

Capítulo IV

1. Utilizo el concepto de situación social según Gluckman (1958).
2. Es posible que estas diferencias se deban a la movilidad de los residentes de los *arrabales* * y caseríos. Bajo la ley electoral de Puerto Rico, no existe votación ausentista y la gente tiene que votar en el lugar donde está inscrita. Las personas que se han mudado de su lugar de residencia después de la elección previa, tienen que viajar al área original de residencia para votar si no se han inscrito en la nueva área.
3. Cuando se supieron los resultados de las elecciones, varias mujeres que estaban en la oficina del partido comenzaron a llorar, algunos hombres aún estaban esperanzados con los resultados finales, mientras otros culpaban de la derrota a las primarias y al grupo que abandonó el partido. Cuando entrevisté a uno de los líderes del PPD, varios meses después de las elecciones, confirmó mi impresión de que nunca consideraron la posibilidad de perder su poder político en Cataño. Estaban acostumbrados a ser los vencedores por muchos años y no estaban preparados para una derrota electoral.
4. He analizado esta tendencia en otro ensayo (Ramírez, 1972).
5. El PER estaba tan débil en cuanto a apoyo electoral en Cataño que la misma noche de su único mitín, su candidato a alcalde fue al mitín del PNP para anunciar que se unía a éste.
6. Un ejemplo cómico de este enfoque de los líderes del PPD ocurrió durante un mitín en Cataño con una gran multitud de opositores, que comenzaron a tirar huevos a los oradores del PPD. Cuando uno de los huevos golpó contra la tarima del orador, el líder que se dirigía al público dijo: "Puerto Rico ha tenido tanto progreso bajo el PPD que nuestros oponentes pueden tirarnos huevos. Antes de que llegáramos a la gobernación ni siquiera podían comprar huevos."
7. La única excepción es el *Partido Socialista Puertorriqueño* * (PSP).
8. Los empleados municipales en Puerto Rico son reclutados para trabajar para el partido en el poder durante la época de elecciones. Aunque supuestamente esto es una violación a sus derechos, constituye una práctica común.
9. La Ley Electoral de Puerto Rico requiere que todos los votantes estén en sus lugares de votación a las dos de la tarde. Entonces se cierra el lugar y nadie puede entrar después de ese momento, a menos que tenga un permiso especial emitido por la Junta Electoral. Sólo una minoría de ciudadanos cualifica para ese permiso.
10. Esta fue la parte más difícil de la entrevista. Fue necesario formular varias preguntas antes de obtener una respuesta adecuada.

Capítulo V

1. La meta de cada partido es contar con un subcomité en cada sector del municipio con un grupo de militantes o trabajadores de partido y uno o dos individuos con algunas habilidades de liderato. La fuerza y la dimensión de una organización eficiente en un partido puede medirse por el número de subcomités organizados que hacen para reclutar a los simpatizantes y los votantes. Durante la campaña electoral de 1968, el PNP organizó subcomités en doce sectores de Cataño, diez de ellos en *arrabales* * y *caseríos*.* El PPD había dividido el municipio en trece sectores, pero la mayoría no habían sido organizados durante 1968, mientras en otros los militantes y los líderes, o bien estaban inactivos o habían transferido su lealtad a otro partido. El PP dividió también el área en trece sectores, pero la mayoría de ellos no estaban formalmente organizados y el trabajo político se efectuó principalmente a través del comité municipal. Por otro lado, el PIP tenía sólo un subcomité en un *arrabal*,* además del comité municipal con un pequeño grupo (alrededor de seis personas) que hacía la mayor parte del trabajo.
2. Véase el Capítulo I para obtener una descripción del proceso de selección. Los nombres son ficticios.
3. El partido político con una mayoría de respaldo de 1904 a 1924. Véase a Pagán (1959).
4. Organizado en 1932. Este partido incluyó un grupo de partidarios de la reforma de independencia tanto como de la socioeconómica, quienes en 1938 abandonaron el partido para formar el PPD. (Pagán, 1959).

5. Una forma poética y musical de folklore puertorriqueño. Consiste en diez versos de ocho sílabas, en que el primero rima con el cuarto y el quinto, el segundo con el tercero, y los seis, siete y diez con el ocho y el nueve.

6. Un miembro del *Partido Republicano*,* el partido asociado con la estadidad y el pro-americanismo. Es común llamar a un individuo *republicano* * si éste está estrechamente identificado con las posiciones ideológicas anteriores. Es también sinónimo de conservadurismo. Para un buen análisis del *republicano* * en Puerto Rico, véase *Partido Independentista Puertorriqueño* * (1970), en especial la introducción al programa.

7. Aunque pude tener una idea de las fuentes de sus ingresos, no es necesario exponerlas aquí. Una imagen de su nivel de vida puede derivarse del hecho de que sólo poseía dos automóviles, uno de ellos era un Buick enteramente nuevo. Cuando su familia se mudó fuera del *arrabal*,* compraron una casa en un área sub-urbana de clase media baja, a la cual hicieron varias ampliaciones. Compraron muebles relativamente caros y un televisor a color grande.

8. Organizado en los años veinte por los partidarios de la independencia, el partido se estableció en los años treinta como la organización más militante y radical comprometida en la lucha por la independencia. Después de varias confrontaciones con la policía, el alto liderato fue encarcelado por diez años. En 1950, el partido estuvo involucrado en una revolución armada y el liderato fue encarcelado de nuevo. Véase a Medina Ramírez (1950-1958) para una descripción del partido y su desarrollo.

9. Ha existido una tendencia entre los científicos políticos en Puerto Rico de conceptualizar los partidos políticos como instituciones organizadas bajo un liderato autoritario con total control de los procesos de tomar decisiones. El liderato local (a nivel municipal y a nivel de *barrio* *) se considera una pieza en una maquinaria política compleja, cuyo papel principal es ejecutar las decisiones tomadas a un nivel más alto. Un enfoque diferente para el análisis de los líderes locales, se encuentra en Quintero Rivera (1970).

Capítulo VI

1. Se han consultado varios trabajos teóricos. Los más útiles han sido los siguientes: Valentine (1968), González Casanova (1965), Horowitz (1970), Lévi-Strauss (1963), Nun (1969), Ríos (1960), Stavenhagen (1969), Swartz y otros (1966) y Bailey (1969).

2. Durante el siglo diecinueve existió un partido conservador y se utilizó ampliamente el término. Véase a Figueroa (1970) y a Cruz Monclova (1957-1964).

3. Publicado en la *Revista de Administración Pública*,* (1971:4:2).

4. Aunque al presente, la mayoría de los líderes obreros no se cuestionan las desigualdades presentes en la sociedad puertorriqueña, hay un sector que está tratando de desarrollar conciencia de clase entre los trabajadores. Hace treinta años, el movimiento obrero era más radical y algunos líderes eran miembros del Partido Comunista. Véase a Andeu Iglesias (1969); a Saéz Corales (1955) y a Quintero Rivera (1971).

5. Aproximadamente un ochenta por ciento de la fuerza obrera puertorriqueña no está sindicalizada (agosto, 1971).

6. Los residentes de los asentamientos no regulados y los de los caseríos, tienen un interés común por conservar los asentamientos no regulado o arrabales,* debido a las razones que he explicado en los capítulos III y IV. En el área donde se llevó a cabo la investigación durante 1968-69, los residentes de los *arrabales* * y *caseríos* * tenían muchos problemas en común, que tuvieron impacto en su decisión de votar y su comportamiento político en general, que era el interés principal de mi investigación. Según he explicado en capítulos anteriores, el hecho de que los caseríos se construyeran al cruzar la calle desde el *arrabal* * más grande y que la mayoría de los residentes de los caseríos fueran antiguos residentes de ese *arrabal*,* creó varias condiciones que me forzaron a incluir ambos sectores en la muestra. Por otro lado, las características importantes de la vida en un caserío y las diferencias de vivir en un *arrabal*,* según lo han discutido Back (1962) y Safa (1964), no han sido completamente desarrolladas durante mi período de investigación. Un ejemplo de mi afirmación es que no encontré ninguna evidencia de una tendencia hacia el desarrollo de familias matrifocales, la cual Safa (1964) encuentra que es tan característica del caserío que ella estudiara. No pode-

mos hacer caso omiso a la posibilidad de que con la desaparición del *arrabal* * de Juana Matos y la construcción del caserío grande proyectado para Cataño, se establecerán los rasgos estructurales y de conducta asociados con la vida en los *caseríos.** Los residentes de los caseríos son más homogéneos que los del *arrabal* * en términos de ingreso y ocupación porque los individuos con ingresos altos, tales como los pequeños comerciantes y los trabajadores de cuello blanco no cualifican para un caserío. Aunque en mi muestra esas diferencias no eran importantes porque la mayoría de los individuos entrevistados vivían en *arrabales* * (111 de 157), estas diferencias deberán considerarse en un estudio futuro del área. Las conclusiones de mi investigación consisten en que la diferenciación interna del *arrabal,** así como el papel que desempeñan los líderes políticos locales como portadores de la ideología de los grupos gobernantes en la sociedad puertorriqueña, han impedido el desarrollo de una conciencia de clase entre la gente del área. Al presente no existe ninguna evidencia de que en los *caseríos* * de Puerto Rico, a pesar de su homogeneidad, se haya desarrollado una conciencia de clase. En el caso de Cataño no hubo ninguna diferencia en el comportamiento político de la gente del *arrabal* * y la del *caserío* * durante las elecciones de 1968, y las conclusiones de este estudio se aplican a ambos grupos.

BIBLIOGRAFÍA

ABRAMS, CHARLES. 1966 Squatter settlements. The problem and the opportunity. Washington: Department of Housing and Urban Development, Division of International Affairs.
ADAMS, RICHARD N. 1969 La vida. Revista Latinoamericana de Sociología 5:2:432-434.
1970 Crucifixion By Power. Essays in Guatemalan National Social Structure, 1944-1966. Austin: University of Texas Press.
AGOSTO, ANGEL. 1971 Objetivos del trabajo obrero del MPI. Nueva Lucha 2:21-34.
ALDARONDO, ETIONY. 1968 Estudio de la abstención electoral y conducta general del electorado en Puerto Rico. Río Piedras: Centro de Investigaciones Sociales. (Mimeografiado.)
ANDERSON, ROBERT N. 1965 Party politics in Puerto Rico: Stanford University Press. (Existe traducción española.)
ANDEREU IGLESIAS, CÉSAR. 1969 El movimiento obrero y la lucha por la independencia. La Escalera 2:8-9:1-34.
ARMSTRONG, W. R. and T. G. MAC GEE. 1968 Revolutionary change and the Third World city: a theory of urban involution. Civilisations 18:353-378.
AUGELLI, J. P. 1952 San Lorenzo: a case study of recent migrations in interior Puerto Rico. The American Journal of Economics and Sociology 11:2:155-160.
BACK, KURT. 1962 Slums, projects and people. Durham: Duke University Press.
BAILEY, F. G. 1969 Stratagems and spoils. Oxford: Basil Blackwell.

BATELLI, PIEDAD. 1969 La vida. Revista Latinoamericana de Sociología. 5:2:426-432.
CAPLOW, T., S. STRYKER, and S. E. WALLACE. 1964 The urban ambience. New Jersey: The Bedminster Press.
CASTAÑEDA, R. and J. A. HERRERO. 1956 La distribución del ingreso en Puerto Rico. Algunos comentarios en base a los años 1953-1963. Revista de Ciencias Sociales 9:4:345-362.
CLARK, KENNETH, B. 1965 Dark ghetto: dilemas of social power. New York: Harper.
CORNELIUS, WAYNE A., JR. 1969 Urbanization as an agent in Latin American political instability: The case of Mexico. The American Political Science Review 58:3:833-857.
CRUZ MONCLOVA, LIDIO. 1957 Historia de Puerto Rico en el siglo XIX. (Seis tomos.) Río Piedras. 1964: Editorial Universitaria.
DALY, CHARLES U., ed. 1969 Urban violence. Chicago: The University of Chicago Center for Policy Study.
DUHL, LEONARD J., ed. 1963 The urban condition. New York: Basic Books.
EASTON, DAVID. 1959 Political anthropology. In Biennal review of anthropology, pp. 210-62. B. J. Siegel, ed. Stanford: University Press.
EDDY, ELIZABETH, ed. 1968 Urban anthropology: research perspectives and strategies. Georgia: University of Georgia Press.
EISENSTADT, S. N. 1961 Anthropological studies of complex societies. Current Anthropology 2:3:210-222.
FANON, FRANTS. 1966 The wretched of the earts. New York: Grove Press. (Existe traducción española.)
FERMAN, L., J. KORNBLUH, and A. HABER, eds. 1968 Poverty in America: a book of readings. Ann Arbor: The University of Michigan Press.
FERNÁNDEZ DE CINTRÓN, CELIA and BARRY B. LEVINE. 1972 ¿Quiénes son los pobres en Puerto Rico? En Problemas de desigualdad social en Puerto Rico, pp. 9-29, Rafael L. Ramírez, Carlos Buitrago Ortiz y Barry B. Levine, eds. Río Piedras: Librería Internacional.
FIGUEROA, LOIDA. 1970 Breve historia de Puerto Rico. Tomo II. Edición revisada. Río Piedras: Edil.

Fox, Richard C. 1971 Rationale and romance in urban anthropology: Urban Anthropology, 1:2:205-233.
Frankenhoff, Charles A. 1967 The economics of housing policy for a development economy: Puerto Rico. Río Piedras: Social Science Research Center, University of Puerto Rico.
Frazier, E. Franklin. 1966 The Negro family in the United States. Revised and abridged edition. Chicago: University of Chicago Press.
Gans, Herbert J. 1962 The urban villagers. Group and class in the life of Italian-Americans. New York: The Free Press of Glencoe.
Gluckman, Max. 1958 Analysis of a social situation in modern Zululand. (The Rhodes-Livingstone Papers. Number 28.) Manchester: Manchester University Press.
González Casanova, Pablo. 1965 La democracia en México. México: ERA.
Hannerz, Ulf. 1969 Soulside: inquiries into ghetto culture and community. New York: Columbia University Press.
Harrington, Michael. 1963 The other America. New York: Mac Millan. (Existe traducción española.)
Hollingshead, A. B. and L. H. Rogler. 1963 Attitudes toward slums and public housing in Puerto Rico. In the urban condition, pp. 229-245, Leonard J. Duhl, ed. New York: Basic Books.
Horowitz, Irving, Louis, ed. 1970 Masses in Latin America. New York: Oxford University Press.
Hunter, David R. 1964 The slums: challenge and response. New York. The Free Press of Glencoe.
Leeds, Anthony. 1968 The anthropology of cities: some methodological issues. In Urban anthropology: research perspectives and strategies, pp. 31-47, Elizabeth Eddy, ed. Georgia: University of Georgia Press.
Levi-Strauss, Claude. 1963 Structural anthropology. New York: Basic Books. (Existe traducción española.)
Lewis, Gordon K. 1963 Puerto Rico: freedom and power in the Caribbean. New York: Monthly Review Press. (Existe traducción española.)
Lewis, Oscar. 1959 Five families. New York: Basic Books. (Existe traducción española.)

1966 a The culture of poverty. Scientific American 215:4: 19-25.

1966 b La vida. New York: Random House. (Existe tratrucción española.)

1968 A study of slum culture: backgrounds for La Vida. New York. Random House.

Lewis, Oscar, et al. 1967 The children of Sánchez, Pedro Martínez and La Vida. Current Anthropology 8:5:480-500.

Liebow, Elliot. 1967 Tally's corner: a study of Negro street-corner men. Boston: Little, Brown.

Lindzey, Gardner, ed. 1954 Handbook of social psychology, Vol. II. Cambridge: Addison-Wesley.

Lipset, S. M., P. F. Lazarfeld, A. H. Barton, and J. Linz. 1954 The psychology of voting. In Handbook of social psychology, Vol. II, pp: 1124-1175 Gardner Lindzey, ed. Cambridge: Addison-Wesley.

Maldonado Denis, Manuel. 1969 Puerto Rico: una interpretación histórico social. México: Siglo XXI.

Mangin, William, ed. 1970 Peasants in cities: readings in the anthropology of urbanization. Boston: Houghton Mifflin.

Marin, Rosa C. 1967 A family centered treatment research and demonstration project in Puerto Rico with dependent multiproblem families. Final report 1965-1966. Río Piedras: School of Social Work, University of Puerto Rico.

1969 Familias meensterosas con problemas múltiples en Puerto Rico. In Primer ciclo de conferencias sobre temas de investigación social, pp. 75-91, Río Piedras: Centro de Investigaciones Sociales, Universidad de Puerto Rico.

Matthews, Thomas. 1960 Puerto Rican politics and the New Deal. Gainsville: University of Florida Press. (Existe traducción española.)

Mayer, Adrian C. 1962 Systems and network: an approach to the study of the political process in Dewas. In Indian anthropology. T. N. Madan and G. Sarana, eds. Bombay.

1966 The significance of quasi-groups in the study of complex societies. In the Social Anthropology of Complex Societies, Michael Banton, ed., pp. 97-122. London: Tavistock Publications.

MEDINA RAMÍREZ, RAMÓN. 1950-1958 El movimiento libertador en la historia de Puerto Rico. (3 volúmenes), Santurce: Imprenta Cortijo.

MILLER, HERNAN. 1964 Poverty in Puerto Rico. San Juan: Puerto Rico Planning Board, Bureau of Social and Economic Analysis. (Confidencial Report.)

MORALES YORDAN, JORGE. 1971 Desarrollo político y pobreza. Revista de Administración Pública 4:2:109-125.

MORSE, RICHARD M. 1965 Recent research on Latin American urbanization: a selective survey with commentary. Latin American Research Review 1:35-74.

MOVIMIENTO PRO INDEPENDENCIA. 1969 Presente y futuro de Puerto Rico. La doctrina de la nueva lucha de independencia. Río Piedras: Misión Nacional Pedro Albizu Campos del Movimiento Pro Independencia de Puerto Rico.

MUÑOZ MARÍN, LUIS. 1929 The sad case of Porto Rico. The American Mercury 16:62:136-141. (Existe traducción española.)

NIEVES FALCON, LUIS. 1965 El futuro ideológico del Partido Popular. Revista de Ciencias Sociales 9:237-262.

NUN, JOSÉ. 1969 Superpoblación relativa, ejército industrial de reserva y masa original. Revista Latino-americana de Sociología 5:2:178-236.

ORSHANSKY, MILLIE. 1965 Counting the poor: another look at the poverty profile. Social Security Bulletin, January.

PAGAN, BOLÍVAR. 1959 Historia de los partidos políticos puertorriqueños. (2 volúmenes.) San Juan: Librería Campos.

PARTIDO INDEPENDENTISTA PUERTORRIQUEÑO. 1970 Independencia y socialismo: el único camino. Río Piedras: Comité Nacional.

PATCH, RICHARD W. 1961 Life in a callejón. A study of urban disorganization. American Universities Field Staff. West Coast South American Series 8:6:1-24.

PEATTIE, LISA. 1968 The view from the barrio. Ann Arbor: University of Michigan Press.

PLOTNICOV, LEONARD. 1967 Strangers to the city. Urban man in Jos, Nigeria. Pittsburgh: University of Pittsburgh Press.

PUERTO RICO, ADMINISTRACIÓN DE RENOVACIÓN URBANA Y VIVIENDA.

No date. Community Renewal Program. San Juan metropolitan area. San Juan.

1965 Aspectos sobresalientes sobre vivienda y población en Cataño y en el sector de Juana Matos. San Juan.

1969 Inventario de áreas a mejorarse por municipio. San Juan.

Puerto Rico, Cámara de Representantes. 1965 Estudio de los problemas económicos sociales del municipio de Cataño. San Juan.

Puerto Rico, Junta de Planificación. 1968 Informe económico al gobernador, 1967. San Juan.

Puerto Rico, Junta Estatal de Elecciones. 1968 Estadística electoral sobre las elecciones generales de 1968. Primera edición. San Juan.

Puerto Rico, Urban Revewal Corporation. 1966 Proposal for The establishment of a multi-service community center in The Juana Matos sector of Cataño. San Juan.

Quintero, Marcia. 1970 Voting patterns and socio-economic structure in San Juan, Puerto Rico: an analysis of the 1968 elections. M. A. Thesis in Sociology, University of London. (Existe traducción española.)

Quintero Rivera, Angel G. 1970 El liderato local y el estudio de la política puertorriqueña. Río Piedras: Centro de Investigaciones Sociales, Universidad de Puerto Rico.

Ramírez, Rafael L. 1972 Rituales políticos en Puerto Rico. La Escalera 6:3:6:-13.

Ramos, Frank. 1970 TV's impact on politics. San Juan Star, July 3, p. 27, July 4, p. 25.

Ramos de Santiago, Carmen. 1965 El gobierno de Puerto Rico. Río Piedras: Editorial Universitaria.

Ray, Talton F. 1969 The politics of the barrios of Venezuela. Berkeley: University of California Press.

Rogler, Lloyd H., and August B. Hollingshead. 1965 Trapped: families and schizophrenia. New York: Wiley.

Ríos, José Arthur. 1960 El pueblo y el político. Política (Caracas) 6:12-36.

Ruiz, Angel. 1966 La distribución de ingresos por regiones en Puerto Rico. Manuscrito.

Ruiz, Ernesto. 1963 Algunas observaciones e interpretaciones

sobre un arrabal puertorriqueño. Revista de Ciencias Sociales 8:1-2:149-167.
SÁEZ CORALES, JUAN. 1955. 25 años de lucha, mi respuesta a la persecución. San Juan.
SAFA, HELEN ICKEN. 1964 From shanty town to public housing: a comparison of two urban neighborhoods in Puerto Rico. Caribbean Studies 4:1:3-12.
—— 1967 An analysis of upward mobility in low income families. New York: Youth Development Center, Syracuse University.
SAN JUAN STAR. 1968 a «Did his duty»: says lone San Juan Sánchez delegate, July 25, p. 3.
—— 1968 b Primaries stir discontent, August 8, p. 1.
SEDA BONILLA, EDUARDO. 1964 Interacción social y personalidad en una comunidad de Puerto Rico. Río Piedras: Ediciones Juan Ponce de León.
STAVENHAGEN, RODOLFO. 1969 Marginalidad y participación en la reforma agraria mexicana. Revista Latinoamericana de Sociología. 5:2:249-275.
STEWARD, JULIÁN, ed. 1956 The people of Puerto Rico. Urbana: University of Illinois Press.
STOKES, CHARLES. 1962 A theory of slums. Land Economics 38.
SWARTZ, MARC, J., ed. 1968 Local level politics. Chicago: Aldine.
SWARTZ, MARC, J., VICTOR M. TURNER and ARTHUR TUDEN. 1966 Political anthropology. Chicago: Aldine.
TUGWELL, REXFORD G. 1947 The stricken land. Garden City: Doubleday and Co.
TURNER, JOHN F. C. 1966 Asentamientos urbanos no-regulados. Caracas: Cuadernos de la Sociedad Venezolana de Planificación, núm. 36.
VALENTINE, CHARLES. 1968 Culture and poverty: critique and counterproposals. Chicago: The University of Chicago Press. (Existe traducción española.)
VALENTINE, CHARLES A., et al. 1969 Culture and poverty: critique and counterproposals, Current Anthropology 10:181-201.
VÁZQUEZ CALZADA, JOSÉ L. 1966 El desbalance entre recursos y población en Puerto Rico. Universidad de Puerto Rico, Escuela de Medicina, Sección de Estudios Demográficos. (Mimeographed.)

VERBITSKY, BERNARDO. 1967 Villa miseria también en América. Buenos Aires: Paidós.
WADE, RICHARD C. 1969 Violence in the cities: ahistorical view. In Urban Violence, pp. 7-26. C. U. Daly, ed. Chicago: The University of Chicago Center for Policy Study.
WEINER, MYRON. 1967 Urbanization and political protest. Civilisations 17:44-52.
WEINGROD, ALEX. 1968 Patrons, patronage, and political parties. Comparative studies in society and history 10:4:377-400.
WOLF, ERIC R. 1953 La formación de la nación: un ensayo de formulación. Ciencias Sociales 4:50-62, 98-111, 146-171.
1956 Aspects of group relation in a complex society. American Anthropologist 58:1065-1078.
1966 Kinship, fiendship, and patron-client relations in complex societies. In The social anthropology of complex societies, Michael Banton, ed., pp. 1-22, London: Tavistock Publications.